阿多诺选集

最低限度的道德

对受损生活的反思

[德] 阿多诺◎著
Theodor W. Adorno
从子钰◎译

MINIMA
MORALIA
REFLEXIONEN AUS
DEM BESCHÄDIGTEN LEBEN

上海人民出版社

献给马克斯·霍克海默

怀着感激和承诺

中译本出版说明

本书译自 E·F·N·杰夫考特的英译本(Verso, 2005 年)。根据德文初版(Suhrkamp Verlag, 1951 年)校对。

德文版《最低限度的道德》中没有任何注释,在杰夫考特翻译的英译本中添加了部分注释,本书中没有全部采用,但为方便中文读者理解,译者在融合英译本中的注释基础上又额外添加了一部分。阿多诺在文中大量使用了来自德语的各种文学、音乐、哲学和日常段子中的典故,其中哲学方面的内容对于专业读者而言是相对比较熟悉的,而对于一般读者而言,理解这些陌生的知识需要提前进行必要的准备,对于这一层面的知识,译者没有专门指出其来源。

对于本书的译名,国内已有学者指出其问题,提出"道德初阶"和"小伦理学"等更准确的替换性选择,但因为多数读者已经习惯了这个译名,为了称呼上的方便,仍沿用通用译名。

本书的行文方式是阿多诺一直以来十分看重的"论笔"体(essay),该文体的起源是欧洲中世纪晚期的断片,对于中文读者而言,可能"札记"这种中文文体是最接近的。阿多诺只在开头注明一个简要的标题,文中通常不分段。这些标题的原文包含了六种语言——德语、英语、法语、意大利语和希腊语,阿多诺在使用后四种语言时会附上提示。原标题是英文,在翻译后看不出来的是:《他们这号人》、《硬汉》、《地道英语》、《金色大门》、《智商》、《关于愿望的思考》、《谁是谁》(第 7、24、26、104、126、127、138 节)。无论在标题还是文本中,《最低限度的道德》

里绝大多数的典故都蕴涵着反讽和颠三倒四式的表达，以引起读者的注意。

另外，英译本中有部分段落是杰夫考特先生为方便英文读者理解增加的，德文版中并没有这些内容，在中译本中译者删掉了这些段落。

目　　录

第一部分　1944 年

第二部分 1945年

* 该词来自古希腊麦加拉派哲学家欧布利德斯(约公元前4世纪—?)的连锁悖论"我现在说的这句话是一句假话"。——译者注(以下不再标明均为译者注)

* 《两次丰收》是法国作家让·吉奥诺1930年的小说。故事发生在一个几乎被遗弃的村庄，在那里，某家族最后一个继承人爱上一个女人，她把他从河里救了出来。该书于1939年以英文出版题为《丰收》，1967年再版时改名为《重获》，1999年版定名为《第二次收获》。1937年电影版由马塞尔·帕格诺尔(Marcel Pagnol)执导。

第三部分 1946—1947年

献　辞

我向我的朋友献上这有关忧郁科学的文字，这种忧郁的科学长久以来被看作哲学的真正领域，但自从哲学转变为方法论之后，这个领域就陷入了智力短路、咬文嚼字，并最后导致了对良善生活训条的遗忘。曾被哲学家们看作是生活的东西已经属于私人存在的层面，现在则变成了纯粹的消费，被当作物质生产过程的附属物，没有自主性，也没有实体。想要了解生活直接性之真相，就必须仔细审视它那被疏远的形式，那种即使在最隐蔽的角落里也能决定个人存在的客观力量。开门见山地探讨直接性，就像小说家干的事情一样，把他们的提线木偶像廉价珠宝一样，饰以过去的激情，让那些只不过是社会螺丝钉的人表现得好像仍然有作为主体的能力，好像有什么东西依赖于他们的行动似的。我们对生活的看法已经变成了一种意识形态，这种意识形态掩盖了生活已经不复存在的事实。

但是，生活和生产之间的关系实际上是把前者贬低为后者的一种短暂的表象，这是完全荒谬的，等于把手段和目的本末倒置了。人们在生活中却仍然未能搞清楚这种投桃报李的模式。简化并退化了的本质顽强地抵抗着将本质揭示为表象的魔力。生产关系本身的变化在很大程度上取决于“消费领域”中所发生的事情，即在个人意识和无意识中，生产关系只是对生产的反映，却对真实生活构成了讽刺。只有在尚未被生产秩序所囊括的情况中反对生产，才能创造出另一种更有价值的人类。生活的表象——也就是消费领域本身为之辩护的东西——一旦被彻底抹去，那么绝对生产这只怪兽就会获得胜利。

然而，因为生活变成了表象，从主体出发的思考在某种程度上也仍然是错误的。历史活动那压倒性的客观特征只让主体分解，又不产生新的主体，所以个人的经验必然是建立在旧主体的基础上的，而旧主体现在已受到历史的谴责，它虽然仍然是自为的，但不再是自在的了。主体仍然确信其自主性，但集中营向主体展示的虚无已经超越了主体性本身的形式。即使是对自身进行批判性的反思，也带有某种伤感和不合时宜的东西：一种对世界进程的悲叹，一种被世界拒绝而产生的悲叹，这悲叹的理由与良善的信念无关，而是因为主体万一被世界拒绝就可能会被套住，从而被迫遵守世界进程的规律。一个人忠实于自我意识和经验状态的能力总是处于诱惑中，在是否存在超越个体的洞见和名实关系问题上摇摆不定。

因此，黑格尔为《最低限度的道德》提供了方法，他反对主体性在各个层面上都是自为存在的观点。辩证法不承认任何孤立的东西，也不承认格言本身就具有价值。用《精神现象学》中的一个术语来说，姑且可以把格言看作"对话"。但能够进行对话的时代已经消逝了。这本书既没有忘记体系哲学包揽万物的总体性要求，也没有忘记它对这种要求的反对。在对待主体关系的问题上，黑格尔可没有参照他在其他方面奉行的要求：在物之中而不是"超乎物外"，或"深入到物的内核"。如今，主体正在消亡，格言就担负起了"无常即常"的责任。与黑格尔的做法既相同又不同，格言看重否定性的原则："只有当精神在一种绝对的支离破碎状态下重新找到自己，它才赢得它的真理。精神作为这样一种力量，作为一种肯定的事物，并没有逃避否定的事物。与此相反的做法则是，把某些东西说成不存在或是错误的，然后转移到别的东西上面，就此完事。实际上，只有当精神直面它的否定事物，与之周旋，它才是这样一种势力。"

黑格尔对个体的轻蔑姿态与他自己的见解相矛盾，而这种否定的态度恰恰源于他与自由主义思想的纠缠不清。通过对立而产生的整体和谐概念不得不反求诸己，不管黑格尔怎样把个体化说成整体过程中的一个具有推动性的时刻，个体在整体的建构中却总是处于低等的地位。黑格尔认为，在史前，客观趋势在人脑中占有一定地位，实际上是消灭了个人品质，却没有实现历史所建构的一般性与和特殊性的调和。这种认识是歪曲事实的。黑格尔带着一种安然自若的、漠不关心的态度，再一次选择消除特殊性。在他的作品中，整体的优先性从未受到质疑。在黑格尔的逻辑里，历史从独立反思到辉煌无比的整体的过渡越成问题，哲学就越急于证明它的存在，就越会促使客观倾向的大获全胜。在宿命论的胜利中，个体化的社会原则达到了顶点，这就更给了哲学足够的理由去这样做。黑格尔在对资产阶级社会及其基本范畴“个体”实在化时，并没有真正贯彻两者之间的辩证关系。他显然认为，在古典经济学中，整体是通过其成员的对立利益的相互联系而产生和再造自身的。他天真地把这样一个个体看作一个不可通约的标准——这正是他在自己的理论中分解的东西。然而，在个人主义的社会里，一般性不仅通过个别事物的相互作用来实现自身，社会性也同样构成了个体的本质。

因此，社会分析可以从个人经验中学到的东西比黑格尔所承认的还要多得多，反过来，如果没有个人经验的帮助，宏大的历史范畴也总被怀疑是骗人的。黑格尔的概念形成至今已有 150 年了，一些对历史的抗议已经转移到了个人身上。在黑格尔那里，个人越是丰富多彩、多种多样和富有活力，就越意味着父权的衰落；另一方面，社会的社会化却又不断削弱着个体性。随着个体的衰朽，个人自己的经验和他所遇到的事物，再一次有助于知识的形成，而只要他坚持把自己积极地解释为支配的范畴，这些知识就能被解释为是重新发现的。消除差异是极权主义本身的目的之一，面对极权主义，甚至解放社会的力量可能也只能暂时撤回到个人领域。而如果批判理论停留在个人层面，就不仅仅是良心败坏的问题了。

所有这一切并不是要否认在这样的尝试中存在着争议。这本书的大部分篇幅是在战争期间写的，当时的条件强迫人进行思考，驱逐我的暴力行为使我对这种暴力还一无所知。我当时还没有意识到，所有那 3

些在不可言说的集体事件面前谈论个人问题的人，都是灾难的帮凶。

在本书的三部分中，每一部分都从最狭义的私人领域出发，即知识分子的流亡问题。在此基础上去考虑更广泛的社会和人类学范围，涉及心理学、美学、科学以及它们与主体之间的关系。每一部分中概括性的警句在主题方面都指向哲学，它们都不是完整的，也不是确定的命题，而旨在提供观点的交锋或为未来的思考提供模式。

写这本书的直接契机是马克斯·霍克海默的五十岁生日，那天是1945年2月14日。当时由于外部环境的限制，我们不得不中断了共同的工作。抛除外部条件的干扰，希望这本书能表达出我的感激和忠心，它见证了我和霍克海默内心之间的对话，书中的每一个主题都同时属于霍克海默(那个挤出时间来构思书的人)。

《最低限度的道德》的具体方法，即试图从主观经验的角度来呈现我们所共有的哲学的各个方面，这些方面虽然仍然是哲学的各个部分，但把它们整合到一起也不能完全满足哲学的要求了。这种形式具有分离性和非约束性的特征，也可以说是放弃了明确理论的内聚性。与此同时，这个找罪受的方式能在某些方面让我忘记只能由自己继续执行本要两个人才能完成的任务，而我们必须完成那项任务。

第一部分

1944 年

生活是死的。

——费迪南德·屈恩伯格*

---

* 费迪南德·屈恩伯格(Ferdinand Kürnberger, 1821—1879),奥地利作家,生于维也纳,起初在维也纳为几家报纸工作,后参加 1848 年革命,1849 年逃往德累斯顿并被捕,1856 年回到维也纳,次年发表短篇小说集。他把自己比作一个流浪的犹太人,把生活和死亡的对立看作是一种幽默而尖锐的对比。卡尔·克劳斯曾在《自由报》上撰文,将他与丹尼尔·施皮策和路德维希·施庇德尔并列,认为他们三位的语言是维也纳艺术历史上最宝贵的典范。

1　致马塞尔·普鲁斯特

这位富庶家庭的儿子，不管是他的文学天才还是多愁多病身，都跟所谓职业知识分子的事业有关。对他来说，当艺术家还是当学者其实都大同小异，反正都得忍受同行们给的头衔。这些人不仅嫉妒他的特立独行，误解他严肃的创作意图，甚至还有人怀疑他是当权者的密探。尽管这些猜忌听起来像是由来已久的文人相轻，但也不全是空穴来风。真正的排挤隐藏在别处。如今，阳春白雪成了下里巴人，精神生活沦为严格的劳动分工，只关乎生产部门和准入条例。而这时独立的个性意味着什么呢？意味着一个人视钱财为粪土，而他就是看清不了现实，结果就倒了霉。在圈内人的眼里，他不能算是专业人士，顶多是个门外汉，哪怕他其实对自己作品中所表达的主题已经有深刻理解。不过可以肯定的是，如果想出人头地，就必须比老手们更机关算尽。普鲁斯特的家境允许他进行精神享受，如果这时候还急切地要求别把分工的门槛设得那么高，当然会被认为是站着说话不腰疼。这种提出要求的姿态出卖了他，让大家觉得这个人恃才傲物，瞧不起社会安排给他的事情，因为他拥有值得桀骜的创作能力，就把义务当作是强制性的。精神的部门化是消灭精神的一种手段，却是在背地里实现的。当一个人拒绝分工——除非能从他的工作中取乐——其实反倒是在格外忠实地实现这个阴谋，要是缺了他所擅长的这种桀骜不驯的本事，任务当然是完成不了的。规则就是这样被确保实施的：有些人是必须服从游戏规则，不然就没法活,而不这么玩也能活得挺好的人总是被自然而然地排除在圈外,因为他们不想遵守这套规则。其实这就好比是,被特立独行的知识分子背叛的这另一类人以血还血、以牙还牙,把他们的需求控制在一片特定的封闭范围中,二者各玩各的。

2 乱草边的座位*

我们同父母之间的关系开始经历一段阴郁的转变，随着他们经济上的日渐无能，我们对他们的尊敬也越来越少。一旦我们开始反抗他们对现存生活方式的坚持，他们就会对还没准备好彻底反抗的人发泄被侵犯的愤怒。但是如今我们又迎来了一批号称比父母当年成熟得多的一代年轻人，在任何冲突出现以前就扬言与那种旧原则划清界限，坚忍又可怕地通过他们这种极权式的、不可动摇的权力汲取力量。也许人们总是能因为看到父辈体力下降而感到他们无能、无害，同时自己又要面对新一代的威胁。在一个对抗性的社会中，代际间处于竞争关系，这种竞争背后则是赤裸裸的权力之战。但是今天这个社会已经退步到了什么程度呢？不仅有“恋母情结”，而是要弑父才能令人满意。纳粹的象征性暴行之一就是杀害老人。这种思潮培养了一种对于父母们迟来而清楚的理解，即害怕我们可能没办法用他们关心我们的方式去关心他们。通过欺负父母，我们就能忘记父母是怎么欺负我们的。尤其是他们所谓的万变不离其宗——我们曾经最讨厌的关于合理化的说法——不过是试着给自己的私利寻找一个普遍的理由，这种伎俩揭露的真相是，他们想要迫切解决一项冲突：子女的存在和行动证明了并不是一切尽在掌握中，这种冲突是不可能靠矢口否认就会解决的。不过

* 来自一首著名德文歌曲中的歌词：“世上最可爱的地方/是我父母坟头乱草边的座位”。

老一代那些过时的、自相矛盾的、自我怀疑的观点比起来还是更开放一些，他们仍然诉诸对话与交流，这一点跟华而不实又愚蠢的晚辈大不相同。老一辈认为神经病和怪癖也是人类性格的固有部分，相比之下，年轻人的那种病态的健康则是典型的幼稚症。谁惊恐地意识到反抗家长就是反抗世界，谁就成了秘密反抗一个不断败坏了的世界的代言人。摆脱资产阶级家庭的非政治性尝试往往只会导致更深地卷入其中，而且有时候看起来似乎家庭作为承载社会命运的胚细胞，同时在坚定地滋养另一个胚细胞以提供养料。脱离了家庭，体制才能持续地对个体产生作用，这个过程不仅仅是资产阶级最有效的策略，也是抵抗资产阶级的最有效手段，因为它不仅仅压抑个体，也使他们变强，可能最后还是生产个体的道具。家庭的终结弱化了对体制的对抗。越来越霸道的集体主义秩序对消灭了阶级的社会来说是个笑柄，因为它和资产阶级的秩序一起，消灭了曾经给它母爱般营养的乌托邦。

3 水中的鱼

在高度集中的工业中，无所不包的分配机制已经取代了流通环节，让商品流通成了一种奇怪的“后存在”。掮客职业失去了经济基础，人们的私人生活成了代理人和中间商的商品。事实上整个私人领域正在被一种明明什么正经买卖都没有却把所有人都卷入其中的神秘活动所吞没。这些神经兮兮的人们，从失业者到公众人物，随时都会对他们背后的投资者感到出离愤怒，而他们又相信，只有通过感同身受、勤劳刻苦、游刃有余和俱佳人品，他们才能让自己对无所不在的经营者感到满意。很快所有关系都要被视为普遍联系，所有冲动都被反复审查。普遍联系的概念属于中介与流通的范畴，它从未在市场这样的流通场合真正活跃过，而是存在于封闭的、垄断性的等级关系中。鉴于社会整体在日渐等级化，这些模糊的普遍联系就扩散到所有仍保持着自由之假象的地方。体制的无理性常常被清晰地在个人的依附心中表达出来，而不是在个人的财运中。以前，资产阶级在职业与私人生活之间的划分问题被人诟病，那时，谁要是个人优先的话，就会被怀疑是个无耻的流氓。今天，从事私人活动又没有叵测的用心反而显得傲慢、异常又不合时宜。力争上游已经不再是公理，只要没人申诉，在商业竞争中各人自扫门前雪是不言而喻的。很多人通过跳槽来获得更高收入。他们也不是什么坏蛋，平时刚直不阿，但又能合情合理地原谅卑鄙无耻的行为，同时谨慎地防止任何毫无价值的感伤；他们非常熟悉权力的运行渠道和钻空子的方式，他们把这些不可告人的规则捧上了天，然后靠熟练地宣扬它们生活得无忧无虑；他们投靠每一个政治阵营，甚至连反体制也觉得值得尝试，因而也产生了一种懒惰而狡猾的因循守旧。通常他们因为脾气好和爱打听别人家的闲事而得到他人的同情，这是一种打着“无私”幌子的投机行为。他们聪明、风趣、敏感，他们把旧式商贩的智慧换成心理学技术；他们什么都拿得起放得下，包括爱情，虽然经常不忠；他们不是依靠本能去撒谎，而是依照着方式方法；他们总是觉得自己会被别人羡慕嫉妒恨。对知识分子来说，这些人受着亲密关系和怨恨的束缚，他们对沉思者和他们的敌人来说都是诱人的。正是这些人在阴险地攻击、剥夺人类抵抗精神的最后修养地，我说的是免于机械要求的时间。他们迟来的个人主义毒害了最后留给个人的空间。

4 临终安宁

报纸上有一则关于某位商人的讣告是这样写的:“他的良心与仁慈总是格格不入。”斯人已逝,对他的既往不咎无意间让通往真理之地的送葬加快了步伐,其实真是这么一回事。知道得越多,死得越早。如果有这么个老头,他的晚年意外地平静安详,并且竟然因此而备受赞美,那么可能他的前半生是由一系列声名狼藉的事件组成的。他其实只是戒掉了容易兴奋的习惯,良心和宽容皆为虚妄,凡事原谅是因为凡事了然于心。一个人在衡量自己内心的罪恶与他人的罪恶时,心里的秤砣总是偏向表现得更不坏的那一个。长路漫漫,其实他早已失去能力辨别究竟谁做了什么,又伤害了谁。在“普遍错误”这个抽象概念中,所有具体责任都消失不见。那些无耻之徒竟然也觍着脸说自己是社会不公的受害者,他们会说:“年轻人,只要你知道生活的真相,就不会指责我了。”但越是那些在一生中受过意外善意的关怀的人,越是能在临终时找到这种内心的宁静。他并无恶意,却活在清教徒式的冷酷和偏执中,在生活中难以平静。因为缺乏可供表达爱意的得体对象,他只有向一切逾矩之行表达憎恨,结果显然他就跟他讨厌的东西五十步笑百步。可是资产阶级是宽容的,他们对人的本来面目的爱,源于对他们可能是什么的憎恨。

5　博士先生，你真是好心*

无辜不存在。小小的快乐，这种看似生活可以罔顾思考之为责任的表达，不仅是蠢得无法无天、麻木不仁，而且也直接地产生着它的反面。哪怕是最枝繁叶茂的参天大树，它的繁花在生长时也有不可见的恐怖阴影。世所谓真善美只不过是一种自我安慰的借口，它证明了有假恶丑的存在。然而已经不再有美，不再有安慰，人们只有在关注一个个惨状时，于惊愕之中承受这个残酷的世界，然后在颓丧过后坚信世界仍有变好的可能。面对盲目冲动和自暴自弃，不信任就应运而生，因为我们仍相信存在不会这么卑琐。曾经局限于欢宴的祝酒词中，“轻松”这个词的深层含义是贬义的，但它早已发展成为一种更吸引人的冲动。借着在火车上聊天的机会来减少怀疑，其中有人默许着其他人的谋杀行径，这不是背叛是什么？没有一种思想能够免于交流，但在错误的地点表达观点，还跟人达成错误的统一，这就是在把真理推向谬误。每次去电影院看电影都害我放松警惕，变得越来越蠢，越来越糟。社交本身总在纵容社会不公，意思是说，我们假装在这个扫兴的世界里还有人可以交谈，随性、和善的言辞总能使沉默不朽，双方机关算尽的套路也让人不得不学会从讲述者降为聆听者。邪恶的法则在假惺惺的和蔼可亲之中常常不显山露水，反而在平等主义的精神之中露出了狐狸尾巴。

---

* 德文原文为：“Herr Doktor, das ist schön von Euch.”复活节那天，快乐的人群涌向郊外，浮士德也置身其中，一位老农民衷心感谢他治好了人们的瘟疫，但他自知那只是骗人的炼金术（参见歌德：《浮士德》第一部分第二场）。

自视甚高与自惭形秽压根是一回事。对于受压迫者的软弱这一问题，首先要承认权力的存在，然后才能理解人类的粗鲁、麻木和野蛮是怎样发展为统治其他人类的欲望。如果说近来连伪君子都懒得摆出谦虚的假象，我们只能看到小人得志，好人没好报，那么这下子也算是完美地展示出权力的嘴脸了，它让我们得以看穿阶级关系的本质，曾经当权者还试图澄清，说他们的权力跟阶级压迫八竿子打不着。对知识分子而言，只剩下通过不可侵犯的孤独来结成统一战线。一切打着合作之名的社会结群和社会参与，不过是在掩盖着可怕的狼子野心。真正能够分享的只有人类的苦难，人每朝着幸福迈出小小的一步，都会加深他们身上的痛苦。

6 反　　题

特立独行的人常是冒着顾影自怜的傻气，凡对社会的讽刺，他都错当作自己的独创。当他如履薄冰地经营自己的人生，他才看到真相经不起折腾。他必也晓得，听过很多道理依然过不好这一生的大有人在。可一旦要抵抗这种态度，他又成了一名资产阶级。孤军奋战的观察家和热情洋溢的参与者彼此彼此，前者唯一的优势是看破了自身处境，他们发现最低限度的自由只存在于知识之中。观察家同商业之间的距离，就是商业所能提供的最奢侈的消费。退避三舍跟得寸进尺有异曲同工之妙。他们不由自主地与资产阶级之间建立起一种不易察觉的冷淡。我可以举一反三。普鲁斯特发现，从公爵到中产阶级犹太人，如果他们的祖父都存有照片，肯定看起来长得差不多，以至于我们通过照片，根本想象不到他们的社会阶层相差多大。从客观上来看，时代作为整体会消除差异，本来幸福的家庭各有各的幸福，但要从这种整体视角来看，就显得众人无异了。教育衰落后，我们的散文变成了雅各布·格林或巴霍芬*的文风，在跟受怀疑的文化工业同流合污。我们也不再像沃尔夫和基尔霍夫**那样在使用拉丁语和希腊语的问题上锱铢必较

* 雅各布·格林(Jacob Grimm，1785—1863)，德国文献学(作为一门系统学科)的奠基人，也是德国民间故事的收集者。约翰·雅各布·巴霍芬(Johann Jakob Bachofen，1815—1887)，研究古代法律和神话的浪漫主义历史学家，著有《母权论：根据古代世界的宗教和法权本质对古代世界的妇女统治的研究》(1861)。

** 弗里德里希-奥古斯特·沃尔夫(Friedrich-August Wolf，1759—1824)，古典语文学家，歌德和洪堡的朋友，对《荷马史诗》进行了最初的语文学研究。阿道夫·基尔霍夫(Adolf Kirchhoff，1826—1905)，19世纪晚期德国古典学者。

了，而是眼睁睁地看着文明开化沦为目不识丁，我们自己还不是早已忘记了写信的艺术？有谁还会在读让·保罗*的文章时意识到，必须以意逆志地从他那个时代的角度来阅读和理解呢？我们还不是一边畏惧着生活的残酷，一边却不肯把德性一点一滴地付诸言行。反而，德行成了一种拙劣的本事，它获得了野蛮人的仁慈标准，甚至还成了良善社会中的可疑价值。自由主义瓦解后，纯然的资产阶级准则，即自由竞争，却一点也没有被克服的迹象，而是从社会进程的客观存在转化为内部互相挤压、碰撞的大型原子组合，变得更像是人类学所关心的现象。生产过程对生命的征服像是一项耻辱，它使我们感到倍加孤独，而孤独，我们还以为是出于自尊心的选择。这种心态对于资产阶级的意识形态而言再熟悉不过，每个个体，出于独有的需要，总是把自己看得比别人高。同时，他又觉得全部消费者构成的集体比自己强。旧资产阶级完蛋后，这个自相矛盾的态度就深深地刻在了知识分子的意识中，比起此生的快乐，他们还是更在意青史留名，这帮人既是资产阶级最后的敌人，同时也是最后的资产阶级。他们仍在芸芸众生如蝼蚁般赤裸裸的繁衍生息前不断思考，表现得像一个十足的特权集团，但当事务停滞不前时，从不试图通过行动解决问题，他们的工作充分地说明了什么叫百无一用。一个人努力出落得顶天立地、问心无愧，现在他背叛了自己的初衷，反正在普遍的错误之中，个人的努力毫无意义。世间万物都在千丝万缕的缠绕之中，剪不断，理还乱，独立思考则成了空前亟需的事。如果只有一种负责的生活方式，就是拒绝用意识形态的错误方法来对待自身的存在，至于其他表现为谨小慎微、明哲保身、谦虚的个人品质，也不要再当作无可指摘的教养。我们应该感到羞愧，因为我们这些幸存下来的人至少还活着，还呼吸着地狱般的空气。

* 约翰·保罗·里希特(Johann Paul Richter，1763—1825)，德国浪漫派诗人、讽刺作家，笔名让·保罗，代表作《隐屋》。

7 他们这号人

知识分子跟知识分子打交道，就别互相欺骗，还是让大家相信自己更卑鄙好了。他们之间已经是处在种种最不体面的文人相轻境况之中，狗咬狗一嘴毛，把自己最不地道的一面展示出来。而其他那些大老粗倒是有些令知识分子们感到可爱的品质，这些贩夫走卒从来有仇必报、锱铢必较，要是有谁胆敢动他们的宝贝，他们绝不放过。汽车修理工和酒吧女招待都擅于对付厚脸皮的顾客，只要从头到脚地向他们献殷勤即可。如果情况颠倒过来，一个文盲找一名知识分子帮忙写封信，通常也能令人刮目相看。但要是逼得这帮头脑简单、四肢发达的家伙们为了自己的一亩三分地大打出手，跟他们的恶毒心肠比起来，这些文人雅士，还有音乐指挥家们可就望尘莫及了。最后，夸失败者无异于夸一个创造了失败者的体制。对五体不勤感到惭愧合情合理，但不应该归因于对乡村生活一无所知。知识分子一边独自书写着同行，揭穿他们的不诚实，一边也是在制造谎言。根据赫胥黎的看法，反智主义和非理性主义之所以能够流行，就是因为作家们在毫不知情的情况下，大肆地抒发对竞争机制的不满，结果反而变成了竞争机制的牺牲品。轮到他们自己斗来斗去，他们却意识不到“他即是你”* 的奥义，这也是为什么他们常常最后遁入空门的原因。

* “tat twam asi”，《奥义书》的神秘泛神论公式。

8 白沙在涅

庖丁有一种乐道倾向，他们对理论或艺术工作入迷，只有那样才能满足他们的精神需求。他们会说，技术不重要，主观表现才是重中之重，所有的手法、习惯也不能用明确的言辞来描摹，而是用玄之又玄的“道法自然”一言以蔽之。知识分子已经不再有任何确定的类型，数不清的宣言、口号所形成的乱象更是混淆视听，写出一部值得创作的作品简直就成了一件大无量的功德了。从众的压力横亘在每一个作家的头上，结果减弱了他们的创作激情。知识分子自我修养的核心本是在解构的过程中培养起来的，一个人之所以称为知识分子在于他有所为有所不为，积累过的经验与韬光养晦的社会洞察力都需要谨慎使用，内在冲动与它们则是相反的力量，一般是不受待见的，但这些本能冲动又是那么强烈，恐怕只有无条件又无争议的权力才能抑制住。知识分子也靠本能去生活：画家和音乐家不许自己总是用这个或那个颜色与和弦的组合，作家也不愿用陈词滥调，总想语不惊人死不休，不然的话那步步紧逼的自我就会让他们彻夜难安。对当代文化泥沼的拼命拒绝恰恰昭示了这群格格不入的人正深陷其中不能自拔。与此同时，席卷他们的力量也赋予了他们摆脱的勇气。尽管这种勇气自称为个人反抗，却也绝不能简单理解为个体的本质。美其名曰知识分子良心的成分中，离开社会背景谈道德超我是不成立的。这种良心的出现首先需要有一个良善的社会，还有要良善的公民，这样才算成立。如果在一个礼崩乐坏的社会里，智者毫无自控力，个体又填鸭式地获得了大量野蛮文化的糟粕——一知半解、自由散漫、虚与委蛇、粗鄙无知——怎么还有人盲目相信良善的存在？在一个黑白颠倒的社会里，通常这些陋习都被合理化为诸如天性使然、被他人理解的愿望、人情练达云云。君子之道亡得如此轻松，让我们误以为还只是个例。最显著的情况是知识分子的物质条件也发生了变化，一旦他们开始说服自己靠写作养家糊口，单单这一条变化就逼得他们绞尽脑汁玩命写，最终把丰富的语言变成千篇一律的废话，可他们曾经深恶痛绝的，不就是他们现在写的这些东西吗？就像曾经锦衣玉食的流亡者在异乡土地上不可遏制地节约开支，其疯狂程度堪比他们当初在奢靡浪费的事业上所做的努力。所以在最后的最后，精神上一贫如洗的文化大军高歌猛进地迈向地狱，那里才是他们的天堂。

9　答应我，孩子*

撒谎的不道德性并没有侵犯真理的神圣性。呼吁真理也不是肉食者用来逼迫他们的猎物承认弱肉强食这一规律的特权。坚持片面的真理就等于承认了普遍的谬误，这岂不是神志不清，以假乱真吗？但是呢，有种讨厌的秘密藏在谎言中，只要知道这个秘密，棍棒教育也会显得温柔。过于诚实其实是一种错误，偶尔撒谎会让一个人感到羞愧，每次这样做就能教会他知道，一个为了生存就不得不撒谎的世界是多么虚伪堕落，其实也反过来教会他忠诚和讲真话的可贵**，这种羞耻感揭穿了更为精心建构的本质性谎言。设计谎言的人总会露出马脚，让谎言一个接一个自相矛盾，不攻自破。届时他们丑态毕露一脸败相，实在让人嗤之以鼻。对当代顺民来说，大家曾经多么诚恳地相信：谎言重复三遍就成了真理。如今却行不通了。谁都不值得信任，现在人们反而对这种普遍怀疑达成了共识。假话只能拿来骗一骗那些对自己帮不上忙的人，以前说假话还是一种自由沟通的渠道，时至今日，它倒是成了一种看似倨傲狂妄的社交套路，谎言在个体之间拉开了冰冷的距离，因为只有在有口无心、爱答不理的硬壳保护下，他才能维持内心秩序，活出真实的自己。

---

* 来自晚期浪漫主义诗人罗伯特·莱尼克（Robert Reinick，1805—1852）的诗句，原句为：质言之，吾儿呵，忠贞不二是美德/莫让谎言亵渎你的口。

** 见莫扎特歌剧《魔笛》帕帕基诺男声独唱咏叹调“女孩还是女人”。其中由钟琴演奏的“永远忠诚虔信”句与巴赫的《赞美主，呵！我的灵魂》自1797年至1945年一直定为波茨坦驻地教堂的规定曲目。

10　分久必合，合久必分

失去了情感基础还要勉力维持的婚姻，就像是一场拙劣的过家家游戏，常常只是自欺欺人的把戏。夫妻本是同林鸟，大难临头各自飞。只有彼此都能独立生活并自愿共同承担责任，而不是为了共享财产这个理由才走到一起的结合，才称得上是得体的婚姻。作为一个利益共同体，结婚总能让利益双方各退一步，世上只有这个规则本身是至高无上的，就算你知道在这个规则中毫无忠义可言也无可奈何。对那些铆足了劲想要吃软饭的人来说，这条规律倒简直是好极了。但对于逐利的富人而言，缺少尊严的联姻却完全是一条公开的家庭要求，可以说就是他们作为社会成员而非野生动物的第二天性。况且，不这样的话他们身上的特权也将不保。

11 我的财产都给你

离婚，哪怕是对有教养、脾气又好的人来说，也会在他们生活中掀起一片阴云。甜蜜时如胶似漆，分手后反目成仇。亲密关系意味着相互忍让，彼此适应对方的个性。一旦离婚后，那些日常个性里的缺陷就暴露出来。信赖像泡沫般一触即破，曾经是爱意关怀和妥协的景象，一旦单拎出来，就日渐显出邪恶、冰冷、恶毒的一面。离异后，教授们闯入前妻的公寓，只为偷走书桌上留下的草稿，而他们已经得到赡养费的妻子却告发丈夫偷税漏税。如果婚姻给了人最后一次机会，让他在一个普遍非人的世界里长出了人性的细胞，普遍的非人世界也绝不会善罢甘休，在婚姻的崩溃中它将卷土重来，把魔掌伸向曾经幸免于难的人，把他拉回到只关心权利与财产分割的异化心态中，也借机嘲弄了那些天下大事与我无关的人。曾经被保护起来的美好，现在要被示众羞辱。一对夫妇最初越是慷慨，越少考虑自己的财产和义务，撕破脸后就越是相互厌恶和感到羞耻。正是在法律未曾定义的领域里，吵架、人身攻击和关于利益分配的争论无休无止。婚姻制度建立在这样一个基础上，它让丈夫蛮横地把持着家庭收入和妻子的工作。性压迫与经济压迫同样不讲道理，它要求一个男子对他的女人终生承担责任，就因为他们曾经有过鱼水之欢，如今又睡在一起。等到感情谢幕时，这些阴暗的真实心理就昭然若揭了。缘分曾使他们体验到什么是普遍的善，现在他们只感到被社会卑鄙地利用了，高尚和卑鄙没什么区别。在离婚行为中，没有人不感到羞愧，因为在这个社会中，结婚无法实现真善。

12 旗鼓相当

在色情领域中，使用价值和交换价值几乎是反的。根据我们自由主义时代的特点，有这么一些良善社会中的已婚男子，对他们受过良好教养的正当配偶不太满意，于是就在歌伎、吉卜赛女郎、乡下姑娘和妓女中拈花惹草，又能免于社会的诘难。随着社会的理性化进程，这种不守规矩的寻欢作乐逐渐不再可能。妓女已经被依法取缔，而维也纳的小妞可能在盎格鲁-撒克逊和其他文明国家也并不存在。但吉卜赛女郎和歌伎现在却移花接木地攀附于大众文化中，并且十分彻底地贯彻着她们的规矩：巴比伦王国只进不出。她们游刃有余地操持着自己的交换价值，耽于美色的男人雇她们做自己的助理，或者把她们介绍给影业大鳄或是剧作家认识。真要说为什么还有些女人仍然想要一场不计后果的恋爱，也一定是因为那些丈夫每天花天酒地不管妻子。她们的丈夫早就对她们感到厌倦，她们的父母之间也一样，至少她们还可以有花堪折直须折。长期以来，冷淡的纨绔子代表着商业，而合理的、有教养的妻子却一点也不浪漫地渴望着性。结果当社会不像社会、女人也不像女人的时候，女士们才能从她们的耻辱中获得尊严。

13　保护、援助和忠告

流亡知识分子毫无例外都有点残疾，他们都对这一点心知肚明，以免被人奚落，因为他们的自尊心已经轻轻关上了门。流亡者生活在一个必须保持在不可思议状态的环境中，无论他对工会组织或是汽车工业已经有多么完善的了解，他在这个环境里也总不得要领。大众文化垄断之下，重塑个体与创作负责任的作品之间，有一个难以弥补的缺口。开始流亡后，流亡知识分子先是被剥夺了可自由使用的语言，滋养了他们学识的历史维度也日渐衰竭。封闭的、政治管控的团体既不党同，又热衷于伐异，进一步加剧了这些可怜的人被孤立的局面。供给外侨的社会产品并不充沛，他们不得不在第一轮常规资源竞争时靠边站，等到第二回合时才能无望地争夺一些残羹冷炙。没有知识分子是不带标签的。就算是个臭不要脸地参与了纳粹一体化的家伙也有个特殊的标签，他是社会生活中一种不真实的存在，是一种错觉。流亡者之间的关系比定居者之间的关系更要命，所有被强调出来的东西都是错的、褊狭的。私人生活看起来总是没节制、手忙脚乱、吸血鬼似的一惊一乍，因为它真的没法再证明自己是一种活生生的存在。而公共生活呢，不言而喻，已经沦为对讲台的效忠。狂人有一双冷眼，他用目光在攫取、吞食，发号施令。对于自己和他人而言，都只能诊断，却没有治疗方法。就算知道有病，如果不能逃脱厄运，至少也要想办法减弱它那可怕的暴力。独学而无友，则孤陋而寡闻，但择友又需要最大限度的小心翼翼，如果还有朋友可以相交的话。一言以蔽之，伴君如伴虎。唯利是图正是一切人类关系的致命对手，人们总是事前肝胆相照、两肋插刀，事后却利欲熏心起来。有权有势的人更是膨胀，总有马屁精一看到这些金主就跟在屁股后面唯唯诺诺，那些仿古的礼仪只有在经济上治外法权的情况下才行得通。这帮小人在炫耀他们家大人的财大气粗时其实就害了他，他将不得不在一个孤立无援的陌生国度里不停地去做自己不愿做的事。在欧洲，如果众人皆醉我独醒常常意味着一种最为无知又自私的观点，那么像苦行这样的概念，尽管远非有序、完美，对于流亡者而言仍然看起来是最适合接受的救命稻草。只有零星几个人有值得上下求索的漫漫长路，对于大多数只有中人之才的修道者，它只带来了饥饿与疯狂。

14　资产阶级亡灵

真是荒诞啊，法西斯政权在20世纪上半叶维持了一个老掉牙的经济形式，又因为它过于迟钝，就需要不断地强化恐怖统治。私人生活也是这么一回事。古板的私人原则、唯利是图、老掉牙的家族形式、财产权以及在成员中的反映，都需要重新巩固自己来面对不断加强的外部权威，但是却总是出自一种蹩脚的道德，一种毫不掩饰地对虚假的认识。不管什么曾经是好的、得体的资产阶级品质，譬如独立、顽强、远虑、审慎，都完全腐化了。资产阶级的存在形式被粗暴地保留下来，他们的经济基础却烟消云散了。私性完全抛弃了它常常隐秘的贫乏，执迷不悟地专注于蝇营狗苟，再也不相信世界会变好或变得不同。自从失去了天真，资产阶级变得越来越混账。他们现在甚至对家里的小花园也十分介意，即使荒芜已久，也要时时提防着可能的闯入者，拒绝给政治难民提供庇护。在存在客观威胁的情况下，规则制定者和他们的狗腿子完全是非人的。结果这个阶级终于认识到自身的命运，把自己当作世界瓦解过程的主体意志。资产阶级就像威胁死亡的幽灵一样活着。

15 新型小气鬼

有两种贪财，旧的守财奴只热衷于攒钱，这类人被莫里哀描写得惟妙惟肖，弗洛伊德将之解释为肛欲期人格。在悭吝人——一个秘密的百万富翁，看起来像是童话故事里，因为脸上戴着清教徒面具所以没被认出来的哈里发教主——的身上，这种特质臻于完美。与之相关的是疯狂收藏者，还有多情的情圣，比如高老头和以斯帖。这种人仍偶尔会出现在当地报纸专栏里，被当作是活宝一样。我们今天所见到的小气鬼不是那种看什么都嫌贵，但又觉得别人终归是买不起的人。等量齐观，小气鬼在私人生活方面认同这样的歪理，一个人就算给予得多，收入得少，起码还是有所收获，至少行好事之前他必须先弄明白“有必要吗？”“是不是必须做？”要是真叫个得不偿失，你就会清楚地看到，这时他们将会多么迫不及待地锱铢必较，在这场交易中小气鬼失去的只是锁链，他要获得整个世界。但因为他们的所作所为都在台面上进行，不像莫里哀和狄更斯笔下的阿巴贡和斯克鲁奇那样善使手段，既不会认罪伏法，也不会改邪归正。他们息事宁人与钻牛角尖的水平旗鼓相当。平时如有需要，他们可以颠倒是非，把白天说成黑夜，但抠劲儿一上来，就像贼会控制不住地惦记着收款机里的钱，他们抠门得一发不可收拾，只有面对生老病死时是例外。而新版的小气鬼呢，再也不会把禁欲简单地当作一种缺点，而是更加审慎地对待。他们买了保险。

16 关于圆滑的辩证法

歌德显然知道在剧烈到来的工业社会里，一切人类关系都陷入了可怕的不可能性，他在小说《威廉·迈斯特的漫游岁月》里尝试过，把圆滑处世当作与异化人类交往时明哲保身的手段。对歌德来说，积极迎合与消极避世的态度差不太多，都是放弃了获得亲密、激情和幸福的机会。歌德觉得人类由自我限制构成，这种限制却是出于充足理由律的限制，它把不可避免的历史进程、野蛮的社会进步和主体性的枯萎当作自身的动因。但从那时起发生过的事情让歌德式的放弃本身已经得到了实现。圆滑与人性——对他来说是同一种东西——如他所相信的那样，同时朝着可能拯救我们的方向背道而驰。就圆滑来说，我们现在知道，它是有自己确切的历史时刻的。资产阶级个体反抗专制压迫时是通融的。当等级形式的各方面由专制主义者结合自己的经济基础和威慑力来掌握时，自由和团结仍然足以让这些人互相容忍着共同生活在特权集团之中。这个在自由主义与专制主义之间看似矛盾的互换很好理解，不仅在《威廉·迈斯特》里，在贝多芬对待传统作曲模式的态度里也可见一斑。甚至在逻辑中，我们也可以瞧瞧康德说的，如何通过主体性重建那些客观结合在一起的观念。贝多芬总是在充满动力的呈示部后面紧跟着一个中规中矩的再现部，在意识集合体中，康德也总要把学术范畴剔除出去，这些都显然是圆滑的做法。圆滑的前提条件是惯例已经不好使了，但又继续存在着，因为受了无法治好的伤，它只能在形式化的戏仿中苟延残喘，成了一种对遗忘之物的回忆性致敬。报纸上的道德说教让人猝不及防，能与之产生道德共鸣的人性已经不存在了，取而代之的是所有出租车司机都喜欢听收音机。取消仪式乍看来是为了行动起来更灵活多变，而且取消的方式本也是因人而异的，而且从外在上来看是破坏性的，但圆滑变通却是每个人具体处境下的本质要求。然而圆滑在面对唯名论时还是有很大的困难。圆滑不单单意味着要服从传统仪式，后者正好是人文学者们不断鄙夷的东西。练习圆滑处世就像圆滑的历史境况一样矛盾，你必须懂得如何在传统的不成文规定与个人的需求之间进行和解。事实上，这是不可能的。除了传统惯例，没有什么别的东西能用来衡量圆滑的尺度。尽管传统根本就没有活力，它还是代表了普遍性，个人需求由这种普遍性构成。圆滑先要对差别进行辨认，并进行有意的偏离。不过一旦它面对的是解放了的、绝对的、具有无差别普遍性的个体，它就没法产生作用了。教育再也不关注精神健康问题，因为这个问题在没有前提的情况下，变得令人搞不懂，于是教育者开始沉默，对主体常常感到的空虚，他们什么也不想说。因此人们开始有理由反对圆滑：比如，有一种彬彬有礼，让人不怎么感觉到自己是人类，反而让人体会到一种残忍。不断地表现礼貌就显得假惺惺，它看起来像是一种替代性的特权。彻底取消了仪式，纯粹个体性的圆滑就仅仅是撒谎了。直到今天，圆滑背后的真正原则还没显示出来。在绝对适合自己的需求时，毫无预兆地，一个人就会受贪欲的驱使，永远把属于自己的机会凌驾于他人之上，甚至期待一种更加严峻的等级关系。唯名论意义上的圆滑则有助于让最普遍的东西，也就是赤裸裸的外部权力，在最密集的星丛中获得胜利。不把传统当作一种过时的、毫无意义的藻饰，仅仅是要明确，对于一切事物而言都最最外在的东西，事实上就是对生命的直接控制。它腐蚀我们的同志，嘲弄自由，这一切让生命更加难以承受，但就算是不谈圆滑的讽刺性，它也说明了在目前这个时代中，共同生活对于人们而言多么不可能。

17 所有权

这算是我们时代的特产，每个男人都不例外地能在一个相对可理解的框架里决定娶谁做老婆，而以前这种关系是一场交易。在这种原则下，一个人不管多么有权有势，都是一个可以交易的对象，就算他是将军也不例外。在法西斯时代，没有任何军事或政治协议足以保护总部不受空袭困扰，守规矩却不能完成军令的将领都被希特勒和蒋介石送上了绞刑架。真相是：谁要是不想死，谁就应该时刻做好就义的准备。苟且偷生是像梦一般不可思议的事，在这个梦里，人们从地下室爬出来时，看到的是世界末日。这个悲哀的真相浮现于查拉图斯特拉的学说中，他说，死亡是一种自由选择。死亡已经萎缩成一种纯然的否定性，在新艺术运动*那里被当做是“死亡也很美好”的东西收缩为一种徒劳的等待，人们指望能减少生活的无限卑微和死亡的无穷折磨，因为生活在这样一个世界里，在这个世界中，有远比死亡更糟糕的事物存在。人道主义的终结只是这件事的另一种表达。这表示，作为个体的人，代表了全人类，却通过实现集体意志而消灭了自律意志。

---

* 新艺术运动是19世纪末20世纪初在欧洲和美国产生并发展的一次影响面相当大的“装饰艺术”的运动，艺术运动主张艺术家从事产品设计，以此实现技术与艺术的统一。

18　无家可归者的归宿

私人生活遇到了困境，诗意地栖居今日已是不可能的。我们曾生长于斯的祖居已变得不能忍受，每个舒适的角落里都藏着知识的叛意，每个提供过保护的遗迹中都留着家族的陈契。现代性住宅注重功能，它们是专家根据生活实际需求精心设计出来的，主要提供给小市民居住。他们也将工厂改造为消费空间，却缺少所有与居住者相关的东西，在这一点上它有点不明智，在这些建筑物中，连对独立存在的怀旧，哪怕是已经死透了的独立存在，也被打包挂在货架上。现代人希望能像动物一样睡在地上。有一份德国杂志，在希特勒上台之前就预言了受虐时代的到来，这个时代将取消床这个媒介，取消清醒与做梦之间的界限。失眠的人随时都会醒，枕戈待旦，像惊弓之鸟，也像搂草的兔子一般毫无意识。谁想在一所是买来而不是继承下来的、真正具有时代风格的房子里避难，谁就得努力让自己活下来。住进旅馆或是装饰好的房间，却努力逃避责任，这让难民们的状况显得有点狡猾。在任何地方，最难的选择都是对于那些没有选择的人来说的。他们不是住在小平房里，就是住在明天就可能征用为营房的陋室、拖车、轿车、帐篷里，或者干脆就住在室外。房子是浮云。对欧洲城市的轰炸，与劳改营和集中营一样，都仅仅是在执行技术的内在发展交给它们的任务，那就是住宅的宿命——它们现在修筑得良好只为了将来能被弃之如敝履。懂得没房子是什么滋味的社会主义社会让居住变得不再可能，他们也理所应当地作了资产阶级生活的掘墓人。一个人顶多对家居设计和内部装潢保留着兴趣，好让自己培养一点文艺范，无论他其实有多么反感狭义的文艺青年。维也纳工坊和包豪斯学院之差别，远观就像秋毫之末般细不可察。纯功能性的弧形设计，跟设计师的初衷背道而驰，现在就跟立体主义的基本结构一样，变得越来越趋于装饰性。对此最佳的管理模式却仍看起来是一种无为而治：鉴于社会秩序和个人需要水火不容，就还是呼吁私人生活，但也不推崇备至，好像它对于社会和个人都还是坚实又适宜的基础。尼采在《快乐的科学》中写道："没有房子，就是我的幸运。"今天我们还得加上一句：不住在别人家里是一种美德。这部分地表示了，在艰难的处境中，一个人只要还占有些什么东西，就会坚守他的财产。有个骗子放话说，你们应该打开视野作长足打算，他说，当私有财产不再属于个人，物资已经可能极丰富的情况下，没有哪个个体有权去坚持限制性的原则。但那个家伙却无论如何都需要拥有财产，就算他看起来出淤泥而不染，却让迂腐的财产关系永垂不朽。这个矛盾造成了毁灭性的结果，它在产生了对器物无情的同时也产生了对人类的冷漠。而反过来，人的物欲一经利用，他的坏良心就难以改变了。错误的生活无法被正确地度过。

19 别敲门

技术让人们的姿态在变得越来越准确的同时,也变得越来越野蛮,它去除了动作中所有的犹疑、审慎和礼貌。受难者易于如此,好像从未接受历史的经验教训。他们连一些基本的礼节都丧失了,哪怕轻点关门都做不到,如果刚好在气头上,会看也不看,想也不想地把车门、冰箱门或者是随便别的什么门"砰"的一声关上,毫不顾忌到他们还处于寄人篱下的状态。在物的世界面前,我们持续地暴露自己,甚至是我们最隐秘的神经分布,倘若不知道这一点,就无法理解新型的人类。在一个这样的世界里,再也没有能敞开的窗子,只有推拉的窗框;再也没有可以插上的门闩,只有转动的把手;没有前院,没有台阶,也没有花园的围墙;司机不再对发动机感兴趣,只顾清理街上的害虫、行人、小孩和骑自行车的人。使用机器的人,总希望这个机器是永动机,这与法西斯暴徒虐待人时,受虐者身体的抽搐极为相似。对人来说,这样一个世界意味着什么?在经验的衰弱这一点上我们尤其要怪罪一个事实,在只重视功能的原则下,人们靠近事物只是为了能操作它,不允许任何多余的想法,自由表达或是自律统统不行,因为这些都可能作为经验之核残留下来,而机械操作并不能耗尽这些想法。

20 蓬头彼得

面对世俗同胞，休谟试图维护认识论意义上的沉思，他的“纯粹哲学”在绅士中间名声总不太好，他说：“在任何情况下，真理都强过审美，正如理性胜于工愁。”这句话太过实用主义，何况实用精神的全部真理还是用含蓄否定的方式表达出来的。实用的生活方式为了能够创造经济利益却损害了人的品性，久而久之也消灭了温柔。人情冷暖只是对无目的的关系可能性的一种认识，对于那些掉进了钱眼儿里的人来说，这也算是种安慰，是旧特权留下来的遗产，它许诺了特权统治下的自由状态。资产阶级的理性在废除了特权的同时，也最终打破了这个诺言。如果说，时间就是金钱，那节约时间就是美德，尤其是节约自己的时间，因为还顾及他人，这种自私也就得到了谅解。说得直白点，比起脱帽致意，人们更喜欢熟视无睹又漠然于心的道一声“早”；比起写信，人们更喜欢在办公室里面对面地交流。距离感消失的时候，最能看清异化的存在。只有人们不用再互相强制性地给予和索取，讨论和成全，控制和干涉，才有足够的空间让内在性能够在外在性千丝万缕的微妙形式中得以结晶化。保守的荣格主义者们已经注意到了这一点。G·R·海耶*在学术团体会议的一篇文章中写道：“人类有一种特殊习惯，这种习惯还没有完全被文明所驯化，那就是，喜欢顾左右而言他。相对地，对话既要委婉曲折，又要切中肯綮地直抵对方的心中。”今天则是另一

* G·R·海耶(G.R.Heyer，1890—1967)，心理学家，荣格的弟子。

种情形，两点之间线段最短，人与人交流最好是有话直说。就像现在的房屋墙壁是一体铸造的，以前人与人之间像是用砂浆粘在一起，现在他们被压在一起。人们不再尝试去理解非凡的事物，不过要说还有什么事不太对劲的话，要么是维也纳特有的餐馆领班式烦恼，要么是犯了幼稚的毛病。在餐前关心对方妻子身体健康的社交礼仪中，人们可谓是机关算尽。勿谈公事离无法交流其实已经不远了。因为一切都是公事，而工作上的问题又不能随便提。看似越来越透明化的人类关系拒绝任何形式的暧昧和不明确，在消除了仪式、传统礼节、多余寒暄、街谈巷议的行动背后，假民主、真野蛮也就赤裸裸地登场了。不转弯抹角、不犹豫、不思量，这种直言不讳的语言已经带有法西斯主义者发号施令的形式和腔调，它从悄声细语走向彻底沉默。对客观事实的强调清除了人与人之间的所有意识形态虚设，本身则已经成为了一种把人看作是物的意识形态。

21　礼物是不能换的

人们如今不大懂得该如何送礼。违反交换原则的行为是荒谬和令人难以置信的;甚至连孩子们都开始带着怀疑的目光注视送礼的人,仿佛礼物只是个幌子,真实目的只是想给他们推销刷子和肥皂。相反,我们有慈善机构,通过管理来有计划地清除掉社会上可见的烂疮。它们在经营过程中不再把人类感情放在考虑范围内,因为事实上即使派发捐赠物资的过程公平公正,也必然会让受赠者感到丢脸。甚至私人捐赠也降格为一种社会功能,作为功能,它意味着捐赠者本人可能并非出于自愿,他得一边谨慎地规划预算,满腹狐疑地对受赠者进行评价,并尽可能地不带个人情感。真正的馈赠,首先会想象受赠者收到礼物时是开心的。这意味着选礼物要花时间,不怕辛苦,把他人放在第一位,而且不能三心二意。没人能做到这一点,他们充其量会送一件自己喜欢的东西,也算是差强人意了。赠礼最明显的衰退表现在一些令人尴尬的发明,它让你不知道里面的礼物到底是什么,因为其实你压根不想要。这种商品跟顾客无关,从诞生的第一天起,它就是滞销品。同样,换礼物的权利意味着有一位受赠人:嗟!都给你的,不喜欢也别还给我,拿去换点别的吧。而且,与收到普通礼物所引起的尴尬相比,这给人留下更多的选择余地,因为起码它还允许受赠者有所得,虽然最终所得之物已经跟礼物的性质南辕北辙。鉴于配给穷人的物资越来越丰富,赠礼的衰落就显得无关紧要了,多思无益。但是,即使有如此频繁的奢侈品交易——从私人和社交的角度来说,这都是一场骗局,因为每个人都能通过自己的想象力找到乐子——不再送礼的人也仍需伸出援手。他们不可替代的能力渐渐萎缩，而那种能力不可能在一个纯粹内倾化的零余个体身上发扬光大，只有与事物温情脉脉地沟通方能达致。前者人冷话糙，不懂得关心人，结果只是自讨苦吃。作为有机生命一部分的每段诚挚关系也许都是上天馈赠给人类的礼物，宣扬“存天理、灭人欲”的人最终只能与物偕尽，古今一辙。

22 倒洗澡水把孩子一起倒掉了

对文化批评而言，最悠久、也最核心的动机就是为了戳穿谎言：文化批评指出，文化试图制造出一种社会幻象，而能在那个社会幻象里生活的人压根不存在。它还揭露了，物质条件的改良只是让人们干更多的活，结果人们在一种温水煮青蛙的方式中，仅能维持在没饿死的边缘。这就是那种所谓意识形态文化的观念，尼采和马克思都曾提到，乍一看，在资产阶级的暴力与文明中它很常见。但恰恰是这种劝别人不要听信意识形态鬼话的理念，本身最可疑。我们拿私人生活做个例子。爱财和不爱财的斗争毫不留情地延伸到最温和的色情和最崇高的精神关系中。文化批评打着本质性和真理性的大旗，要求把人类的精神关系减至其物质起源，两者之间必须不讲情面，完全公开，只是赤裸裸的利益关系。意义同其起源之间并不是毫无关系，在所有遮蔽和中和着物质的事物中，很容易发现什么是伪善和多愁善感。贯彻这个原则，必须擦亮眼睛，无论多少次试图逃避普遍实践，空想一种高贵的状态，其结果都是付诸流水，只会间接导致人们指责发展文化的问题，并且直接地让野蛮主义乘虚而入。在尼采之后的文化批评中，这种立场的逆转一直是显而易见的：斯宾格勒为之欢呼雀跃，连马克思主义也没能为之证伪。在理解了社会民主党对文化进步的信念后，面对日益增长的野蛮行径，他们不断地倡导野蛮，说这是出于“客观趋势”的考虑，并且绝望地等着他们不共戴天的敌人、他们的对立面来拯救他们，以一种盲目而神秘的方式迎接大团圆结局。除此之外，强调物质而避开谎言，这就让他们与政治经济学产生了一种可疑的亲和力，这种政治经济学就像警察跟黑社会狼狈为奸的关系一样，对它的批评源源不断。乌托邦被丢在一旁，人们不断地要求理论和实践相统一，结果我们变得越来越市侩。因为担心理论可能是无能为力的，就向生产之伟力屈服，结果更要强调理论总是空谈。即使对于正统马克思主义语言来说，邪恶的特征也绝不陌生。如今，在商业头脑和清醒的判断力批判之间、朴素唯物主义和其他唯物主义之间，差别越来越小，因此有时难以恰当地区分开。仅仅用谎言来识别文化比以往任何时候都更加要命，现在文化完全被谎言吸收，并且急切地要这种辨别方式来让每一种思想对立成为中庸的。如果物质现实被称为交换价值的世界，而文化无论如何都拒绝接受这个世界的统治，那么只要存在者存在着，这种拒绝就只是妄想。然而，由于说交易有可能是自由和诚实的，这本身就是在说谎，推翻这个谎言就等于说出真相：面对商品世界的谎言，即使是谴责它也会成为纠正的行为。文化已经如此失败，它并没有理由掩耳盗铃、破罐破摔，就像在童话故事中的女孩那样，撒上面粉以为就没人能看出地上曾经洒过啤酒。试图团结的人不必避而不谈他们的物质利益，也不是要跌到形而下的水平上，而应该反思二者之间的关系，从而超越它们。

23　只以复数形式存在的名词

如果真像某种当代理论所说，社会像一把球拍，那么它就是典型的集体对立物：作为单子的个体。通过追踪每个人的绝对特殊利益，可以最准确地研究虚假社会中集体的性质，考虑到在自我至上原则下，内驱力分散的机制，这就绝不算牵强附会的结果。现实原则，从一开始就是一个内化的盗贼团伙，有领袖、傀儡、仪式、誓言、背叛、利益冲突、阴谋和其他所有附属物。人们只需要观察那些个体与环境产生对抗的爆发性时刻，比如发怒时，人总会表现得凶神恶煞，让无意识肆无忌惮地四处宣泄，双眼发射出得意的光，自我化作多个听他演讲的对象。一个人越是为自己的侵略性提供支持，他就越能完美地代表社会的压制性原则。或许正是在这个意义上，这个命题是正确的：越是个别的，越是普遍的。

24 硬　　汉

有那么一种男性气质，不管自己还是他人身上的，都值得怀疑。它表达的是独立、控制权和全体男性成员的共谋。以前，这叫做君威难测，现在它改头换面，从电影男主角到最无关紧要的银行小职员都表现出这种气质来。最典型的例子是：一位身着晚礼服的俊男很晚才回到他的单身公寓，他打开屋子里昏暗的侧光灯，给自己配一杯加苏打的威士忌。他滋滋啜饮的声音暗示着嘴巴的傲慢，任何闻起来没有烟草、动物皮革、剃须膏，尤其是女人气味的东西，他统统瞧不上。这也是为什么他们觉得自己拥有无法抗拒的男子诱惑力。对他来说，最理想的人类关系形式是在夜总会里，那里只有一丝不苟又玩世不恭的人才会受到尊重。人们倾向于认为，自己的文化比他人的文化更好，在这一问题上所有人都有潜在的暴力。这种暴力看似是对那样一类人的威胁，他们躺在安乐椅上，已不复被社会所需要。事实上，这是施加于自身的暴力。如果吃得苦中苦，方为人上人，那么吃苦就成了值得赞扬的事，它在未经转换的情况下被直接拔高成为一种获得幸福愉悦的经典方法。与葡萄酒不同，每一杯威士忌，每一支雪茄，仍能令人回想起它们最初引起的刺激和不适，于是找刺激本身已经成了快感的来源。因此，在自己的建构下，他们总是呈现为电影情节中为他们设定的形象：受虐狂。但是他们这种萨德主义的根源仍然是谎言，只有在谎言中他们才能继续做虐待狂和镇压者。这个谎言只不过是同性恋被压制的情况下它唯一被允许的异性恋形式。在牛津，有两种学生，硬汉派和书生派，仅仅是这么一提，后者就自动被划为娘娘腔。我们有充分的理由相信，在通往独裁统治的道路上，统治阶层一定会走向这两个极端。这种离间计的秘诀就在于打一巴掌给两块糖。往往硬汉派才是真正脆弱的一方，他们需要弱者作为他们的受害者，以便不承认自己就像他们一样容易受伤。极权主义和同性恋乃本同末异。在消亡之时，主体会极力否认任何与之无关的事物。强硬与顺从的对立在强调男性统治的秩序中达成统一，在把假想的主体和对象也囊括在内，这个原则却又变得完全被动，几乎是女性化的。

25 己所不欲，勿施于人

我们知道，流亡者没有过去。以前是个人信息，现在是精神体验，被告知是不可转让和与众不同的。没有具体形态的事物没法进行计算和测量，也就意味着它根本不存在。然而，一些人肯定要对此不满意了，他们走向问题的另一头，说生活本来就无法被直接现实化，哪怕是仅仅依靠思想和回忆的生活。为此，他们发明了自己的量尺。它被称作“背景资料”，出现在附录的问卷调查里，位于性别、年龄和职业后面。统计学家们联合起来获得了胜利，在他们的花车上，生命被亵渎了。相对于现在而言，过去也不再可靠，追忆往昔只是将岁月再次交给遗忘。

26　地道英语

小时候，我父母结交过一些年长的英国女士，她们经常送书给我当作礼物，或者是给年轻人启迪的读物，或是有绿色摩洛哥皮革封套的袖珍本《圣经》。她们压根没想过我到底读不读。书里有大量显眼的插图、小标题和闲笔，还有一些无法辨认的字符，这些书让人觉得感到难以接近，它使我内心里充满了这样一个信念：一般来说，这类物品根本不是书籍，而是广告，也许就像我叔叔在他的伦敦工厂里生产的机器一样。而当我真搬去在盎格鲁-撒克逊国家居住，并且对英语有了更多的理解后，这种信念非但没有减弱，反而更加坚定了。勃拉姆斯写过一首歌，歌词来自诗人保罗·海泽*，歌词写道："心痛恒久远/而幸福不过是次要"，在广为流传的美国版里，则改编成"哦，痛苦和永恒/二者结合即为极乐"。原始版本中古老的、激情洋溢的名词置换成了热门歌曲中的流行语，目的是拔高。在这种词语变换中，文化就彰显出了它的广告性。

---

* 保罗·海泽（Paul Heyse，1830—1914），诗人和小说作家，受巴伐利亚君主的庇护。

27 说 法 语

用外语阅读色情文学时，能够体会到语言和性是多么密切地联系在一起。第一次读萨德是不需要字典的。不需要学校和父母的教育，也不需要文学经验，那些用最隐晦方式表达出来的不雅内容人们却能靠本能就理解。在这些表达方式中，被束缚住的激情换成各种各样的名称，就好像它们突破了这些盲目的语言束缚，并且猛烈地、不可抗拒地冲入了与自身相似的心灵的最内层细胞中。

28 风景画

美国风景的缺陷不像浪漫幻想那样缺乏历史性，而是缺少人工的痕迹。这不仅仅指那里缺乏田地，到处是未修剪且茂密非凡的灌木林，街道总是显得突兀，它们越是平滑宽广，闪闪发光的交通标志线与杂草丛生的环境相比就显得毫不相关而且充满了暴力。这些道路毫无表现力，它们并不留下脚印和轮胎印，道路边缘也没有植被过渡带，没有通往山谷的小径，所以说没有温和、舒缓、不那么尖锐的方式。就好像没有人见识过这些风景似的。这些风景无法令人感到舒适，这与它被感知的方式相对应。毕竟坐在车里，眼前飞驰而过的事物难以留下印象。

29 小果子

普鲁斯特式的谦逊为读者避免了觉得自己比作者还聪明的那种尴尬。

19 世纪的德国人绘制自己的梦境,结果总是画成植物。法国人只想画植物,却画得像一场梦。

在盎格鲁-撒克逊国家,妓女们看起来像犯了下地狱的罪行似的。

美国风景之美:即使是最小型的景观,也在表现着国家整体无法估量的伟大。

在流亡者的回忆中,每只德式烤鹿吃起来都好像它是被“魔弹射手”* 干掉的。

精神分析只不过是夸大其辞。

谈谈风的声音,我们就知道快乐还是不快乐。不快乐的人感受到的是狂风,警示着脆弱的家园,风在不安的睡梦中将他席卷;快乐的人感受到的是微风,微风是避风港的歌谣,风暴已经过去。

我们早就知道,在梦中有一种喧嚣是没有声音的,它们在早晨醒来的几个小时里通过报纸头条向我们席卷而来。

厄运的神秘使者在无线电中复活了。被宣布的重要事件总是灾难性事件。在英语中,庄严意味着仪式性和威胁。说话者背后有一种社会力量,它逼着不得不听人说话的人,现在不得不开口。

---

* 出自德国浪漫主义作曲家卡尔·玛利亚·冯·韦伯的 1821 年的歌剧作品。

历史一经产生，就被灾难摧毁。

事物表现出来的历史只不过是一场刚刚结束的折磨。

在黑格尔看来，自我意识是自我确定性的真理，用《精神现象学》中的话说，是“真理的王国”。资产阶级对此无法理解，他们只能把赚钱作为自我认识的工具。如今自我意识已经不再意味着什么了，人们只能把自我看作是一种尴尬的存在，意识到自己是多么得无能为力，意识到人是虚无。

很多人已经羞于说“我”。

眼中的碎片是最好的放大镜。

最卑鄙的人能感知到最聪明的人的那种最伟大也最愚蠢的弱点。

在性伦理中，第一条也是唯一一条标准：笑话人不如人。

总体是错误的。*

---

* 是对黑格尔《精神现象学》中名言的颠倒。

30 为了我们的事业

在过去的这场战争中，许多国家的交响乐队停演了。跟后来的战争相比，前一场总是显得更温和。斯特拉文斯基为一个人员稀稀拉拉、惊魂甫定的室内乐队写了《士兵的故事》，这首曲子被证明是他最成功的作品，也是唯一一部超现实主义音乐宣言。曲中抽筋、做梦似的旋律暗示了一种消极的真理。该作是在贫困中创作的，因为斯特拉文斯基拒绝官方提供的物资，于是这部作品彻底摧毁了官方文化，同时也没有对官方以外的总体文化歌功颂德。战后的精神生产的方向为欧洲所遭受的破坏提供了标尺，即使空洞如斯特拉文斯基的音乐也是如此。在大众文化中，进步与野蛮紧密结合起来。只有强行禁止大众文化和技术进步，才能保住非野蛮的状态。没有艺术作品和艺术思想能够幸免，除非它们拒绝来自彩色电视、电影、时尚杂志和托斯卡尼尼的诱惑，不赚钱，也不为上流社会创作。未经大批量生产侵蚀的传统媒体迎来了新机会：它们对战争不用负责，而且热衷于即兴演奏。只有这两点才能战胜信任和技术的统一战线。在一个书不像书的世界里，只有那些不再是书的东西才能成为书。印刷机的发明开启了资产阶级时代，它曾经是最适合用于宣传的道具，这个时代很快就要迎来终结。

31　泄露天机

就连团结，这种社会主义最荣光的行为模式也是病态的。团结本来是为了实现“四海之内皆兄弟”的情谊，但因为这种情感被普遍化，也就变成了意识形态，并且又专门用来服务于政党，好像政党是一个对立的世界里的唯一代表。在危险面前，人们认为要把个人放到第二位，在既没有被抽象理念和个体希望来维系的处境中，他们彼此两肋插刀。团结前提是知识和自由选择：否则，盲目的个人利益就要卷土重来。然而，随着时间流逝，团结变成了对党忠诚，党有成千上万只雪亮的眼睛；变成了加入工人阵营——很久以前进一步成了穿统一制服——因为认为工人是强大的；变成了顺应历史潮流。在这种情况下，人们就得靠不断地担惊受怕、阿谀奉承、机关算尽和口蜜腹剑来获得一时的安稳，曾经用来对付敌人的招数现在要用来对付领导的一时兴起，而后者比敌人更能激起内心的颤抖。个体之间的关系变化反映了这个问题。在刻板印象中，有的人一眼看上去就很上进，但并没有一道虚拟的宣言能让先进分子者们联合起来——无需思考，仅通过身体姿势和说话方式就能相互辨认，像一种密码，要求他们强制性地服从——他们总是有相同的经历。矛盾的是，保守派跟进步分子太像了，他们总是凑到一起，明确而含蓄地呼吁进步协议。但是当他搜寻二者是否真是一样的团结，或是对他自己所能提供的社会产品，对他遭过的罪表示出同情时，那帮人就开始冷眼相待，就像在教皇复辟时期，他们对待唯物主义和无神论的态度一样。这些机构人员一方面希望知识分子诚恳地向他们忏悔，而一旦他们有些害怕自己也要忏悔的时候，就把对方看作锱铢必较的资本家，把先前的诚挚说成是荒唐的多愁和愚蠢。团结，在极端的意义上，来自那些绝望而忠于内心的人，他们已经无路可退；也来自那些既不想跟警察、也不想跟小偷发生丁点接触的人，结果他们的麻烦是被敲诈。

32 野人并没有更高尚

在政治经济学专业的非洲生、牛津学院的暹罗生，以及常见的、勤勉的艺术史系音乐理论生中，可以发现小资产阶级的起源，他们都迫切地吸纳新材料，对一切既定的现实，也不假思索地予以接受。绝不妥协的意志是与原始主义、初学者和“无资产者世界”不相容的。它以经验、历史记忆、挑剔的智力，尤其是充分的满足感为前提。人们一次又一次地观察到，那些一开始站在激进阵营的年轻人，一旦感受到传统的力量，就会叛变。一个人必须掌握了传统，才能恰当地憎恨它。与无产阶级相比，势利小人在前卫艺术运动中表现出更多的天赋，这也为政治提供了一些启示。从印度的卡尔纳普崇拜者，到德国大师马蒂亚斯·格伦瓦尔德和海因里希·舒茨*的坚定捍卫者，所有人都对实证主义有着惊人的亲近感。如果认为排挤只会激起仇恨和怨恨，那将是糟糕的心理学；它激起了一种占有欲强烈、偏执的爱，而那些被压抑性文化拒之门外的人很容易成为它最顽固的捍卫者。在社会主义工人频繁说教的语言中，他们在分享所谓的精神遗产的时候，总是说希望“学到一些东西”。社民党的庸俗性不在于无法理解文化，而在于他们欣然接受了文化的虚假表象，与之同化，同时也就曲解了文化。一般来说，社会

---

* 鲁道夫·卡尔纳普（Rudolf Carnap，1891—1970），德国新实证主义哲学领袖，1936年移居美国。马蒂亚斯·格伦瓦尔德（Mattias Grünewald，约1470—约1528），晚期哥特画家。海因里希·舒茨（Heinrich Schütz，1585—1672），早期巴洛克作曲家。格伦瓦尔德和舒茨都有强烈的宗教热情。

前者就像它所破坏的社会一样显得再正常不过。它源于一种可以被称为史前外科手术的干预，这种干预使对立的力量在相互较量之前就丧失了能力，因此，随后不再有冲突的现象反映了一种先定的结果，即集体权威的先验胜利。沉着冷静的性格本来就是获得高薪职位的申请者的先决条件，但这是事后诸葛亮。把一个健康的人诊断为病人的唯一客观方法是，找出他们的理性存在和他们的生活可能由理性所决定的过程之间的不协调。疾病的痕迹还是暴露了出来：他们的皮肤上似乎覆盖着有规律图案的皮疹，就像无机物的伪装。那些突然爆发出旺盛生命力的人，很容易被当作是回光返照。由于人口政策方面的考虑，他们的死讯一直被隐瞒着。就算我们都不得病也难逃一死，健康时的运动类似于生物心脏停止跳动后的反射活动。届时，人们总会愁眉苦脸地皱起眉头，仿佛在见证着被遗忘已久的努力：他们或是做了有悖常理的蠢事，或者是进退维谷，这些面容透露出死者生前的痕迹。社会规定的牺牲确实是如此普遍，以致只能在社会整体中显现，而不能在个人中显现。事实上，社会假定所有人都有病，在这种情况下，在被压抑的法西斯行为及其无数种先行和中介形式的疯狂中，埋藏在个人内心深处的宿命论找到了可见的客观对应物。认为正常人得病并不一定与病人健康时的状态相反，以及后者通常只是换了种方式呈现着同样的灾难模式，这些想法是多么令人不安。

37 快乐原则的反面

较真的修正主义者指出，严格的性理论缺少善意，这跟弗洛伊德的“压抑”没什么关系。有一种专业的嘘寒问暖能力，为了获得利益，它能在完全不同世界的人之间制造出亲密和直率。那教人软弱的世界，使人迷失方向，偏离真理。如果弗洛伊德缺乏对人类的同情心，就会与政治经济学的批评家们为伍，后者比泰戈尔和维尔法尔*的政治经济学还要好些。但相反，他违背资产阶级的意识形态，把有意识的行为追溯到无意识的本能，同时又赞同资产阶级对本能的蔑视，而本能本身正是他所批判的理性化的产物。用《精神分析导论》的话说，“普遍评价……会把社会目标看得比私人的性目标更高”。他自己就是如此。作为一名心理学专家，弗洛伊德静态地接受了社会和自我的对立，却没有进行检验。书中所描述的灾难性机制，他自己却没有在社会压抑中发现迹象。相反，他缺乏理论，又带着偏见。到底本能是与现实相反的压抑方式，还是本能无益于文化的升华，弗洛伊德也拿不定主意。客观存在于这项矛盾中的是文化的两重性，再怎么对健康的感官享乐进行赞扬也不能使这种矛盾消失。然而，在弗洛伊德那里，它导致了判断标准的贬值，这才是精神分析的目的。这种未启蒙的启蒙思想为资产阶级的幻灭提供了方便。作为迟到的反对，弗洛伊德虚伪地在公开解放受压抑的欲望和补偿公开的受压抑欲望之间摇摆不定。对他来说，理性只是

---

* 维尔法尔(Franz Werfel，1890—1945)，奥地利宗教人道主义作家。

一种上层建筑，不是——像官方哲学所坚持的——基于已经深深渗透到真理的历史时刻中的心理主义，而是基于他不承认手段和目的与理性无关，这证明了作为手段的快感，是合乎理性的。这已堕落为保护物种的全套伎俩，因此，它本身就被暴露为一种狡猾的理性形式，毫不考虑超越对自然的屈服的快乐时刻，把比率贬低为合理化。真理成了相对性，人民成为权力的化身。只有在满足了最终目的的、无目的性的、盲目的肉体快感中，乌托邦才能被置于一个稳定有效的真理观念中。然而，弗洛伊德为我们提供发现快感的精神分析方法，却有意地同时反对心灵和快感。在《一个幻觉的未来》中，有一位缺乏智慧的冷面孔老先生，他引用了一则商业旅行者的格言，关于天堂是为天使和麻雀准备的。这篇文章应该从文集中摘取出来，在文中，他虔诚地谴责了享乐社会的反常行为。那些对快乐和天堂同样感到厌恶的人，确实是最适合作为精神分析的对象：在许多经历过成功分析的人身上所观察到的空虚、机械化的品质，不仅要考虑到他们的疾病，而且要考虑到他们的治疗，因为治疗也使它所治好的部分脱位了。打破治疗上广受赞誉的移情并不是精神分析治疗的关键。在人为设计的情境中，主体自愿地、灾难性地进行着自我毁灭，而这种自我毁灭曾因情爱的自我放弃而非自愿地、有益地实现，这已经成为一种反思主导的、追随领袖的行为模式，它会把所有的心智和背叛心智的精神分析者一并消灭。

38 邀　舞*

精神分析以恢复因神经疾病而受损的愉悦能力而自豪。似乎仅仅愉悦能力的概念还不足以严重贬低这种感觉，如果它真的存在的话。侥幸得来的幸福并不能长久，而是让制度化的行为模式进一步侵蚀不断萎缩的经验领域。人们的控制欲得是达到了什么程度，才能让曾经只在匈牙利轻歌剧里出现的酒池肉林，飞入寻常百姓家，被极其认真地提升为一种正确的生活准则。社会规定的幸福看起来就是这样。要想获得这种幸福，官能症患者必须放弃压抑和升华机制留下来的最后一丝理智。结果是精神分析师不得不对垃圾电影、昂贵又糟糕的法餐、严肃饮酒和做爱（就像吃药一样，被称作"性爱"）表现出一视同仁的热情。席勒的格言"无论如何，生活是美好的"从一开始就是纸糊的，现在听起来更蠢，因为它跟无处不在的广告同样的口气。精神分析更是会夸大其词。人们的压抑实在是太少，而不是太多，如果它不能使人变得更健康的话，那人们除了要成功适应压抑来赚取更多的钱，还必须通过产生一种普遍的、与压抑不可分割的丧气来排解痛苦。人们也不会在这种宣泄中获得虚幻的满足，而这种满足正是那可恶的秩序对他们内心生活的第二次控制，好像光是从外部控制还不够。只有当人们对虚假的快乐感到满足，对商品感到厌恶，身在福中不知福时——更不用说通过

* 《邀舞》，也称《D 大调回旋曲》，卡尔·玛利亚·冯·韦伯作于 1819 年，原为钢琴独奏曲，后经柏辽兹改编为管弦乐队合奏。

放弃所谓对幸福的积极替代品的病态抵抗而获得幸福的情况了——他们才会明白什么是经验。享乐主义的疗养院院长从科学角度给出的建议和娱乐宣传主管们的口号简直是异口同声，他们都告诫人们"今朝有酒今朝醉"，就好像一名父亲兴冲冲地从办公室回到家时，孩子们没有高兴地下楼迎接，反而使他恼羞成怒。禁止说痛苦是统治所带来的，这是统治机制的一部分，在有关幸福的福音和远在波兰的集中营指令之间有一条笔直的道路，以至于我们每一个同胞都能说服自己，掩住耳朵就听不见痛苦的尖叫。这就是毫无限度的快乐能力之典范。精神分析则会幸灾乐祸地告诉我们，这只是俄狄浦斯情结在作祟。

39　自我即本我

在古代和文艺复兴时期之后，心理学的发展和资产阶级个体性的崛起通常是联系在一起的。同时我们也不应掩盖心理学和资产阶级之间又具有普遍相反的倾向，这种倾向到今天已发展到唯我独尊的地步：即压制和消灭个人，而这个人的知识与主体本身是有关的。自普罗塔哥拉以来，一切心理学都把人当作衡量万物的尺度，从而在一开始就把人当作一种对象，当作供分析的材料，谁卷入了对物的分析，也就获得了事物的虚无。抑客观扬主观其实意味着对主体的否定：一切事物的尺度已不复存在，在堕入偶然性的同时，主体让自己成为了真理的反面。这可以追溯到真实社会生活过程。人类的支配原则在绝对化的过程中，反过来不承认人可以被当作绝对的对象，心理学也在这一点上起了作用。自我，它的指导思想和先验客体，一经凝神静气就消失了。心理学吸引人们注意到这样一个事实，即在交换社会中，主体不是一个人，而是一个社会客体，心理学为社会提供了武器，以确保这种情况过去是、现在仍然是这样。把人分解成他的各种官能，是把劳动分工投射到它所假装关心的对象上的一种表现，与把这些对象加以利用和操纵以获得更大利益的兴趣是分不开的。心理技术不仅是心理学衰落的一种表现形式，而且是心理学原理的内在属性。休谟的每一句话都见证了他真正的人文主义，但他却把自我否定为一种偏见，在这种矛盾中表达了心理学的本质。在这一点上，他甚至有真理站在他的一边，因为那些把自己设定为“我”的东西，实际上只是偏见，是抽象的统治中心的意识形态的实体化，而对这种实体的批判要求去掉“人格”的意识形态。但是去掉它，使得意识形态的残余物更容易占主导地位。这在精神分析中是显而易见的，它把人格作为生存所必需的谎言，作为最高的合理化把无数种合理化结合在一起，通过这些合理化，个体放弃了本能，并使自己适应了现实原则。但正是在证明这一点时，它也证实了人的非存在。人们在完全屈从于合理化和适应机制的过程中发生了自我异化，既无法实现自律，也无法团结。当一个自我临危不惧地自我批评时，另一个自我却在举手投降。精神分析学家的智慧最终被法西斯主义者在恐怖杂志中无意识地使用：通过这种技术，一种特殊的诈骗手段将痛苦和无助的人们不可挽回地捆绑在一起，以便指挥和利用他们。如同好莱坞史诗电影的默片一样，变戏法的人在集市摊位前化妆表演，被精神分析所拒绝的暗示法和催眠术，借此重新出现在其宏伟的系统中。从前是万般皆下品，唯有读书高，现在却反了过来。对资产阶级进行批评只剩下一种态度，就是用医生们谈到新死病人时那种耸耸肩膀的无所谓方式——动用心理学进行无底线的欺诈，这可不是零星半点地联系到人的内心“财富”，而是反映出资产阶级社会对身外财产的一贯做法。随着社会交易的不断增加，财产也会增殖，但也给每个资产主义者带来了附加条件。可以说，个人只是被阶级用来投资的财产，一旦财产的普遍化似乎有可能危及到阶级原则，那些掌握控制权的人就准备收回它。心理学对财产做的是同样的事，不过是通过划分有快感的方式来剥夺个人的内心财产。

40 只说不想

既然深度心理学在电影、肥皂剧和卡伦·霍妮*的帮助下已经深入到最深处，人们体验自我的最后一种可能性已经被有组织的文化切断。现成的启蒙不仅潜伏在自发的反思中，还潜伏在分析性的洞见中——这种洞见的力量等于获得这些洞见所付出的精力和痛苦——潜伏在批量生产的文章中，潜伏在个人历史的创伤中，按照正规方法，这些创伤要简化成公式，变成司空见惯的套路。去合理化本身就是一种合理化。结果初学者不再努力获得自我意识，而是把所有的本能冲突都归入自卑情结、母性固恋、外向型和内向型等概念中，而这些概念在现实中不见得能碰到。通过意识到自我与关节炎或鼻窦炎没有太大的不同，自我意识的深渊已经被移除了。内心冲突因而不再有重要意义，人们接受了这些冲突，但绝不是解决了它们，只是作为一个不可避免的组成部分融入生活的众生一面。与此同时，它们作为一种普遍的罪恶，被一种机制所吸收，这种机制直接认定个人具有社会权威，而社会权威早已包含了所有被认为是正常的行为模式。在任何情况下都不知道是否算得上已经成功的净化，被一种快感所取代，这种快感是通过发现自己的弱点也属于大多数人来获得的。在以前的疗养院病人中，只有成为一个有趣的病例才能获得那种快乐。如今人们非得用自身的缺陷来证明自己的价值，从而将集体的浩瀚力量传递给自己。自我的堕落让

---

* 卡伦·霍妮(Karen Horney，1885—1952)，德国心理学家和精神病学家。

自恋者无物可恋，取而代之的是再也没有自我的受虐狂式满足，正在崛起的一代人很少在乎无私、集体和地久天长的事物。因此，物化和标准化的领域蔓延到包括它在内的终极矛盾，即表面上的异常和混乱。不可通约性恰恰是可通约性的，而个体现在几乎没有任何产生冲动的能力，因为他无法为这种冲动在公认的星丛中找到归类。然而，这种表面上假定的辨别，也似乎超出了一个人自身的动力，最终不仅消灭了对冲动的意识，而且也消灭了冲动本身，让冲动成了可以随意开关的应激反应。此外，常规化之后的精神分析也就被阉割了，对性动机的评价因为褒贬不一，在使它变得无害的同时，也成了无关紧要的东西。恐惧让人们失去了可能获得的快乐。因此，精神分析成为了一个受害者，它被一个强制接受的、于自身无关的、外在的超我所取代，又正是它教会我们如何去理解。资产阶级自我批评的最后一个大构想，已经成为使资产阶级的自我异化到达最后阶段的一种手段，它是绝对的，也使对古老创伤的失效认识挥之不去，在这种创伤中蕴藏着对美好未来的希望。

41 内与外

虔诚、懒惰和算计使哲学得以在越来越狭窄的学术领域中苟且偷生，甚至在那里，人们也在不断地努力用有组织的同意反复来取代它。就像百年前一样，那些把命运交给天的人，跟他们的工友同样天真幼稚，这些人被迫在岗位上唇齿相依。学术以外的思维试图摆脱这种强迫，它的矛盾在于高谈阔论的主题和狭隘的处理方式。这种思维面临的威胁也不容小觑：市场的经济压力。这一点上，在欧洲，至少教授们受到了保护。哲学家要想以作家的身份谋生，每时每刻都必须做出小心翼翼的选择，以罕见的思想来对抗办公室的诱惑。卫道士指责知识分子巧言令色，这样的话不算新鲜却也同样招人烦，可最终证明他们是自取其辱。杂志记者在编辑的要求下苦不堪言，按要求他必须持续文思泉涌，揭露所有隐藏在关于宇宙爱欲和同类神秘事件、上帝的变身和约翰福音背后的秘密。迟来的波希米亚式生活方式强加于这位民间哲学家身上，这本身就足以使他对工艺美术、狂想式的宗教和半瓶子醋的宗派主义世界产生致命的亲和力，一战之前，慕尼黑曾经是培养这种精神的温床，用来对抗理性主义的狂欢节仪式，甚至比老里克特*那死气沉沉的体系更容易陷入法西斯主义。思想组织的力量是如此之大，以至于那些想要置身于思想组织之外的人，都在这股力量驱使下，猜忌妒忌，自我吹捧，最后如果依然失败，他们不得不捏造事实。如果学者们

* 里克特(Heinrich Rickert，1833—1902)，德国政治家。

坚持“我思故我在”的原则，在开放的体系中成为旷野恐惧症的受害者，在生存的世界中暴露于种族群体中，他们的对手除非格外警惕，否则就会误入笔迹学和艺术体操领域。强迫症和偏执狂五十步笑百步。对事实调查的强烈反对，以及认为科学主义总是忽视最有价值的东西这一想法，都加剧了科学主义的幼稚和分裂。这些想法不去理解事物背后坚固的事实，而是匆匆地攫取触及可及的事实，不加批判地操弄那些杜撰的知识，利用一些孤立的、实体化的范畴，实际上，简单地提及那些真正的事实就让这些胡扯烟消云散。这正是皮毛性的独立思考所缺少的关键因素。坚信宇宙的秘密隐藏在表象之下，而忽略了两者之间的关系，往往通过这一疏忽就足以证明，表象自有充分的理由，必须被毫无疑问地接受。但在空虚的喜悦和充实的谎言之间，大众的智力状况不能理解那第三条道路。

换种角度，不再纠结于那条老路，而是怀着对野蛮的仇恨，探索尚未被一般规律所包围的新概念，这是思想的最后希望。在一个让每个人都能提供答案的智力等级体系中，只有无解才是这个等级体系的名字。流通的烙印是由知识分子以外的人创造的，它为思想的以物易物提供了最后的避难所，而此时此刻，真正的避难所已经不存在了。那些出售一些没有人愿意购买的真正稀有物品的人，即使违背了自己的意愿，也代表了不受交换法则影响的自由。

42 思想自由

正如我们所知，哲学被科学所取代，导致了两种元素的分离，按照黑格尔的观点，这两种元素的统一构成了哲学的生命：反思和推测。在觉悟中，真理的土地移交给反思，推测则被粗暴地容忍，仅仅是为了形成假设，而这些假设必须在工作时间之外构思出来，并尽快产生结果。然而，如果认为这些推测还能以科学之外的形式完好无损地保存下来，并在噼啪作响的算盘声中安然无恙，那就大错特错了。与反思断绝关系本身就足以使推测行为付出高昂的代价，它要么被降格为传统哲学那种驯顺方案的回响，要么从盲目的事实中脱离出来，扭曲为私人世界观的模棱两可和絮絮叨叨。然而，科学并不满足于此，它将推测同化为自己的操作步骤。在精神分析的公共功能中，这并非最不重要的，其中介是自由联想。通过说服病人放弃反思的责任，进入病人潜意识的道路被打开了，分析理论的形成遵循着同样的轨迹，不管它是否允许它的发现被这些联想的进展和动摇所追踪，或者分析者——我指的是其中最有天赋的人，比如格劳代克*——是否信任他们自己的联想。我们坐在沙发上，轻松地表演着谢林和黑格尔曾经在演讲台上用最宏伟的思想演绎过的东西：解释什么是精神的现象。但随着紧张情绪的缓解，思想的质量也迅速降低：中间产生的差异几乎不亚于启示哲学与婆婆说的家常话之间的差异。同样的精神运动，曾经把物质提升为精神中

* 格劳代克(Georg Groddeck，1866—1934)，德国内科医生。

的概念，但精神本身却退化为精神分析学概念序列中的一种物。一个人如果表达出了足够好的理念，就足以让专家判断出这个人是强迫性性格、口语型还是歇斯底里型。由于脱离了反思和理性控制，推测本身就被作为一种研究对象移交给了科学，而科学的主观性也随之消失了。精神分析在过程管理中会提示受分析者他的一些思想的无意识根源，而在这之后他就不再思考这些思想，它们变成了中性的。患者没有通过将思想概念化来管理它们，而是把自己无能为力地托付给医生处理，好像医生在任何情况下都是事先知道一切的。因此，推测行为肯定会被粉碎，这本身作为一个事实，被分类归档，成为不易之证。

43 不公平的恐吓

真相在客观上可能难以确定，但我们在与人打交道时，不应让这一事实吓到自己。为客观设立标准乍看起来是可信的，指责某个说法“太主观”总是最为保险。这是一种愤慨，它激起了所有通情达理的人的团结一致，人们有理由在几秒钟内感到满足。主观和客观的概念完全颠倒过来了。客观是指事物的非争议性方面，即它们给人看起来没有问题的印象，这种表象是由主观分类出的数据构成；人们称之为主观性的东西，就是破坏了那种表象，并参与了某一事物的具体经验，抛弃了所有现成的判断，凭借与客观对象的直接关联代替了那些甚至连见都没见识过(更不用说思考)的大多数人的共识。对主观相对性的正式反对是多么空洞，这一点在后者的特定领域，即审美判断力的领域中可以看到。任何一个人，纯凭他对艺术作品产生反应的力量，并且曾经诚实地使自己服从于艺术创作的规定，服从于艺术作品的内在形式法则，服从于艺术作品结构对各项内容的强制，他就会发现，反对经验具有纯粹主观的性质，这只是一种可怜的幻觉。他凭借其高度主观的神经支配，对问题的核心所采取的每一步行动，都比对诸如“风格”这样的事物所作的全面而充分的分析具有更无可比拟的巨大力量。在实证主义和文化工业盛行的时代更是如此，客观性是由管理它的主体来计算的。面对这种情况，理性已经完全撤退到一堵没有窗户的个体特质之墙背后。权力的拥有者武断地用任意性来指责这堵个性之墙，他们想要的是无能为力的主体，因为他们害怕保留在这些主体身上仅剩的客观性。

44　苏格拉底之后

对于一个知识分子来说，决心实践从前所谓的哲学，希望真理越辩越明，没有什么比这更不合时宜的了。对真理的渴望，包括其最微妙的逻辑反思形式，都是一种自我持存精神的表现，而哲学正是要打破这种精神。我认识一个人，他邀请了认识论、科学界和人文学科的所有名人，从头到尾和他们每个人讨论了他自己的体系，当他们中没有人胆敢再提出任何反对其形式主义的进一步论点时，他于是认为自己的立场是坚不可摧的。哪怕哲学与说教的姿态有一丁点相似之处，就一定会有人天真至此。它们是建立在一种前提之上的，即一种大脑之间能够相互沟通的先天协议，因而完全是约定俗成。众所周知，哲学家在会话中很难保持沉默，他们应该总是设法在辩论中失败，但要设法证明他们的对手也是错的。辩论的重点不应该是要有绝对正确、无可辩驳、无懈可击的认知，因为它们不可避免地归结为同义反复。重点是要产生真知灼见，从而引起关于它们是否公正的问题，并对此作出判断。然而，这样说并不是要提倡非理性主义，也不是要通过对启示的直觉信仰来证明独断论的假设是正确的，而是要废除命题和论证之间的区别。从这个角度来看，辩证思维意味着一个论点应该在其论题上尽可能地尖锐，而论题本身就包含了其推理的充分理由。所有不是事物本身一部分的桥接概念、关系论和逻辑辅论，所有不是深入对象经验内部的次要发展环节都应该被抛弃。在哲学文本中，所有的命题都与中心保持同样的距离。黑格尔虽然从未如此明确地说过，但他的整个推理过程都证明了这一意图。因为这种方法不承认存在任何第一定理，严格地说，它也不应该知道任何第二定理或由此衍生出的推论；中介概念曾是纯形式上的联系，现在则是对象的实质，这样就克服了后者与中介它的外在思想之间的差别。黑格尔在多大程度上实现了这一方法，就在多大程度上实现了真理。他没能实现的，他那第一哲学的极限，就在于把主体假定为无论如何都是"最初的"东西，而辩证逻辑的任务，就是消除这个最后留下的第一哲学余孽，以及所有仍在支持它的思想姿态。

45 生生不息，衰颓不止

辩证法反对具体化，因为它拒绝在孤立和分离的情况下肯定个别事物：它指出孤立恰恰是普遍的产物。它既可以纠正躁狂的固执，又可以纠正偏执的头脑中不可抗拒的、空洞又飘忽不定的念头，而这一切都是由于丧失了关于所判断的事物的经验而造成的。但英国黑格尔学派的辩证法，更确切地说，是杜威的实用主义的辩证法不这么理解：他们更看重的是一种比例感，一种从正确的角度看待事物的方式和一种朴素而顽固的常识。黑格尔在与歌德的对话中，似乎也接近这一观点，当他为自己的哲学辩护，反对歌德的柏拉图主义时，他的理由是，这种哲学"基本上不过是每个人与生俱来的、受到规训的、按部就班地发展起来的反对精神，这种天赋只有在区分真理和谬误方面才能证明其价值"。这句话顾左右而言他地说明对"人人内在固有"事物的赞美是反常识的，因为在常识的指导下产生的，绝不是人的本质。常识、对形势的正确判断、市场所培养的世俗眼光，与辩证法一样，都同样拥有摆脱教条和狭隘偏见的自由。凝神静思的姿态无疑适用于批判性的思维，但它眼高手低，仍然是辩证法的死敌。一般的意见，即直接被社会接受的意见，其具体内容必然是一致的。在19世纪，正是受到启蒙运动的不良影响，才为陈腐教条成为常识搭建了桥梁，所以像密尔这样的极端实证主义者不得不抨击前者，这并非巧合。比例感意味着必须完全按照既定的衡量标准和价值进行思考。只要听过一个来自统治集团的顽固代表说："这都不是事"，或者注意到资产阶级谈论夸张、歇斯底里、愚蠢的时候，你就会知道，人怎么才能最快速地找到脑子呢？就是当他需要为自己的非理性行为而道歉的时候。黑格尔强调的健康的反抗精神与农民式的倔强相互矛盾，他们几个世纪以来已经学会了如何忍受封建领主的搜刮。对于那种认为世界进程并不发生变化的观点，辩证法嗤之为坐井观天，并通过青蛙眼中的天地与实际大小之间的“比例”来解释这个世界。在与理性的主导方式相对立时，辩证理性是非理性的。只有在包含和扬弃这种主导方式之后，辩证理性才成为理性。在交换经济中，坚持工人在劳动上所花费的时间不同于他再生产出自己的生命需要的时间，这实在是墨守成规的观点。尼采不是反其道而行之，让马车来拉马吗？为了摆脱谬误和偏见，克劳斯、卡夫卡甚至普鲁斯特不也在歪曲世界的形象吗？辩证法不能在健康、疾病以及它们的相近概念面前止步不前。它第一次把统治世界的秩序和比例看作是病态的——并且是最字面的意义上的偏执和病态——从此就只能这么去看待，实际上它们也用来是用来治愈“疯狂”的良药。今日的世界与中世纪一样，只有傻子才会说实话。因此，辩证家的责任是为这个傻子的实话找到理性的依据，否则，对于任何一个有常识的健康人那里，它一定会被当作耳旁风。

46　论思想的伦理性

天真和成熟是两个相互交织的概念，揠苗助长地搅和两者之间的关系不会有什么好处。像非理性主义者和知识分子一样，因为一个人天真无知就不去指责他犯下的错误，这样的辩护是不光彩的。这种站在天真一边的反思应该自责，它让亲者痛仇者快，奸诈和蒙昧依然如故。直接地确认直接性，而不是把它理解为它自身的中介，就是把思想曲解为对它的对立面的辩解，歪曲为直接的谎言。这种曲解服务于所有恶的目的，从个人对"生活就是这样"的偏执，到把社会不公正说成是一种自然法则。然而，基于这些理由，希望把相反的东西作为一种原则来树立起来，并把哲学——我自己就曾经这样做过——称为有约束力的义务，要求自己成熟起来，这样也好不到哪去。精明强干的头脑，不仅从世俗的角度来看是一种令人生疑的知识媒介，而且由于它与实际的生活秩序密切相关，并且对理论抱有普遍不信任的心态，它本身就容易恢复到一种全神贯注于功利主义目标的天真状态。如果从理论上可以接受的角度来理解成熟，即它拓宽了视野，超越了孤立的现象，但从整体考虑，天空中仍然飘着一片乌云。正是这种永恒的不息性，默认普遍性高于特殊性，这不仅构成了唯心主义在实体概念上的欺骗，而且还构成了它的非人道，这种轮轴转的思想一经和特殊性相结合，就把特殊性归结为通向普遍性的通道，最后又迅速地与痛苦和死亡妥协了，而这种和解仅仅是在反思中发生的。资产阶级的冷漠，总是热衷于把不可避免的当作是合理的。只有坚持不懈地关注某一特定事物，从而消除其孤立性，知识才能开阔视野。诚然，这假定了与普遍性之间的关系，虽然不是被包含，而几乎是相反的关系。辩证法的中介不是某种抽象的东西，而是具体事物自身的解决过程。尼采经常只在自己的视野中思考问题，尽管如此，他还是意识到这一点：在《快乐的科学》一书中他写道："试图在两个大胆的思想家之间进行调解的人，会给自己贴上平庸的标签：他没有足够的视力发现独特性：到处都相似，而使一切都相似，这正是视力低下的表现。"思想的道德介于一种既不固定也不分离，既不盲目也不空洞，既非原子论亦非效果论的过程中。黑格尔现象学的艰涩难懂之所以在理性的人中间享有深不可测的声誉，是因为它同时要求现象以一种"纯粹直观"的方式说话，同时要求现象反映在意识中的关系在每一时刻都保持着，这是对思想的道德性最直接、也最深刻的表达。既然无法再使自己相信主客体的同一性，那么要符合这样的道德标准就难多了，而这种非同一性假设仍然使黑格尔得以隐藏了意识对现象既要观察也要解释的对立需求。今天，人们对思想家的要求越来越高，无论是作为旁观者还是当局者，他每时每刻都应该处于一种状态——就像闵希豪森提着自己的辫子把自己从泥沼中拉出来——这将成为一种知识模式，思想家得一边对事实进行小心的求证，一边对未知进行大胆的推测。但接着，带薪的哲学家们又过来指责我们没有明确的观点。

47　见仁不见智*

甚至那些深信艺术作品不可比较的人，也会发现自己不断地卷入争论中，艺术作品，确切地说，是那些最好的、达到了无人能出其右层次的作品，在被他们不断地比较和评价。有人反对说，这种以强迫性的方式产生的考虑，其根源在于唯利是图的本能，而这种本能会用来衡量一切。这种反对意见通常只表明，对于那些老实人来说，艺术永远不够理性，总是同严肃的反思和真理差了十万八千里。然而，进行评价的冲动来自艺术品自身。事实是：它们拒绝被比较，它们誓不两立。古人并不是无缘无故地保留了与神或思想相容的万神殿，而是强迫艺术作品进入有奖竞赛，让一切人反对一切人。克尔凯郭尔所推崇的"古典万神殿"概念，是一种中和了的文化虚构出来的产物。如果美的概念只是在许多作品中以分散的形式出现，那么每一个作品都力求表达整个的美，声称整体美是独一无二的，而且既不愿意破坏自身的合法性，又拒不承认美已经是消散的。美从单一性、真实性、从表象和个体化中解放出来，并不表现在单个艺术与全部艺术的统一中，而仅仅表现为一种物质实在，表现在艺术自身的衰亡中。每一件艺术作品的目的都是为了毁灭其他作品，换句话说，艺术的目的就是终结艺术。正是这种艺术作品固有的自我毁灭冲动和对一种无形的美的形象的追求，在不断地激起

---

* 原标题为拉丁语"De gustibus est disputandum"，借用了经济学行话"品味不容争辩"(De gustibus non est disputandum)。

那些显然是徒劳无益的美学争论。当颠覆性的艺术家们固执地试图建立一种美学的真理,并因此陷入一种犹豫不决的辩证法时,他们就会遇到真正的真理。通过创作完全属于自己的艺术作品,并把它们拔高成概念,他们就限制了所有的艺术,从而导致艺术的毁灭,而艺术将在毁灭中涅槃。藏污纳垢的美学仅仅承认了艺术作品的局限性而不加以突破,只会使它们走向虚假的堕落,这等同于否认了艺术也要求达到不可分割的真理性。

48 致阿纳托尔·法朗士

即使是像对生活持开放态度这样的美德,以及在最微不足道的地方发现并享受美的能力,也开始显现出值得怀疑的一面。在人们还都沉浸在主观想象中的时代,对选择审美对象的冷漠迟钝,以及从一切经验中获得意义的力量,都表现出对客观世界的一种亲近感,即使在客观世界的碎片中,客观世界也以对立的姿态面对着主体,这个客观世界充满了敌意的真实性,但却是直接而显豁的。到了主体向被异化事物屈服时,他才随时准备去发现价值或美,仿佛它们无处不在,这表明他放弃了他的批判能力和与之分不开的阐释性想象。那些认为美无处不在的人,现在无处能找到美,因为美的普遍性只能体现在对特定事物的痴迷上。通过凝视所获得的美无不伴随着冷漠,甚至可以说是轻蔑,因为所凝视之物以外的一切都不值一提。只有在对美的迷醉中,人才能无视其他一切存在的所提出的偏袒要求,并且作出公正的评价。就存在者而言,它的片面性被接受下来,被理解为它的本质性存在,并得到调和。迷失在独一之美中的眼睛保持着安息日的视角,在其中保留了一些造物时才能体会到的宁静。但是,如果片面性被普遍性意识外的引进所取消,如果某一特定的东西被它的狂喜所震惊,那么公正的总体观点就会互相交换和权衡,从而形成它自己的普遍性的不公正,而这种普遍性的不公正就在于可交换性和替代性。这样的正义执行了神话对创造的判决。毫无疑问,这种联想不会使人产生任何想法;没有人可能永远被蒙蔽。但一切都取决于转变的方式。思想的暴力以迅雷不及掩耳之势打破了各种界限,以使自己达到普遍性的境界,而普遍性的内容恰恰就是那些界限,而不是异质事物之间的抽象对应。有人可能会说,真理本身取决于它的节奏,取决于它与特定事物周旋的耐心和毅力。那些事物在理性之外也没有迷失自我,在进行判断时,也没有为沉思的不公正而感到内疚,但它们最终会在空虚中慌不择路。不加区别地给予人们权利的自由最终会导致种族灭绝。正如多数人的意志会忽略少数人一样,民主原则是对民主的嘲弄。兼爱非爱,不公正是公正的中介。不加限制的仁慈变成了对一切存在的恶的肯定,因为它把善的痕迹和程度的差别减到最低限度,从而使资产阶级的靡菲斯特式的智慧得出绝望的结论:生成的一切/总应当要归于毁灭。即使只剩下淡红的血色和微末的悲哀,用美的方式去拯救人也比用说教的方式从事批判和说明要显得更为崇高,因为它实际上更符合生活的秩序。

与这种观点相反的是,生命的神圣恰恰闪耀在最丑陋、最扭曲的地方。然而,这种光并不是直接照到我们身上的,而是折射过来的:某种东西,仅仅因为它存在,就被认为是美丽的,而正因为如此,它才显得丑陋。这里所提到的抽象的生命概念,与压迫、冷酷、死亡和破坏是分不开的。对生命本身的崇拜总是归结为对这些力量的崇拜。从子孙满堂到成功人士的勤勉持家,再到被当成有点傻的能吃的女人,这些被称作是生命的表达。这一点是绝对可以理解的,它在盲目的自我主张中使另一种可能性失明。过于健康本身就是种疾病,治这种病唯一的解药是要病人意识到这种疾病是一种对生命本身的抑制。美就是这样一种病,它既让生命停下脚步,也延缓了生命的衰朽。然而,如果是以生命的名义拒绝疾病,那么具体的生活在与它的另一时刻的盲目分离中,就变成了毁灭与邪恶,傲慢与自夸。憎恨破坏性,一个人也必须憎恨生命:只有死亡是一种没有扭曲的生命的形象。在阿纳托尔·法朗士的启蒙观中,这种矛盾是再清楚不过了。"不,"正是温和的贝热雷*先生

* 法朗士的四卷本小说《现代史话》中角色之一。

这样说,“我宁愿认为有机生命是我们这个不可爱的星球所特有的疾病。若认为在无限的宇宙中除了吃和被吃什么都没有,那是无法忍受的。”他言语之间对这种宇宙虚无主义的反感不仅是出于个人心理,也是整个人文主义作为一种乌托邦思想的客观条件。

49　道德与时序

虽然文学已经处理了情爱冲突在心理学上的所有类型，但最简单的外部冲突，因为太过于显而易见，却一直未被注意。让我们考虑一种私定终身的现象：男子爱上一个姑娘，她没有接受男子的爱意，既不是因为内心在经历着压抑和对抗，也不是因为她冷若冰霜或是欲擒故纵，而仅仅是早已心有所属。抽象的时序在现实中起着这样的作用，它赋予情感以层次。除了选择和决定的自由之外，私订终身还有一个偶然的因素，似乎与自由是矛盾的。准确地说，即使在一个摆脱了商品生产无政府状态的社会里，也几乎不可能有什么规则来管理人们见面的顺序。这样的安排将是对自由最不能容忍的干涉。因此，人们普遍地相信缘分，有了新欢就忘了旧爱，曾经沧海难为水。时间的不可逆性构成了客观的道德标准。但它与神话密切相关，就像抽象时间本身一样。根据其内在规律，时间所隐含的排他性导致了封闭群体的排他性，最终导致了大企业的排他性统治。女子的闺怨最是动人心魄，爱和温柔正因为无法被占有才弥足珍贵，她所担心的是郎君被人偷走，仅仅为了尝鲜。若少了这种感动，所有的温柔呵护就会变得没有意义，就像小男孩会厌恶自己的亲兄弟，兄弟会学生瞧不上那些交给他们的"苦差事"，社会民主主义的澳大利亚在自己的移民法中将所有非白种人排除在外，法西斯主义试图消灭一切少数族裔，这是势不可挡的趋势，最后所有的温情和庇护都沦为虚无。正如尼采所知，福祸相生，即使那些最温和的事情，任由它们自己的势头发展，往往会难以想象地登上残忍的顶峰。

试着找出一条出路来摆脱矛盾是没有用的。然而毫无疑问，我们有可能说出使整个辩证法发挥作用的关键时刻，它在于先有之物的排他性。原始关系在它的直接性里，已经预先假定了抽象的时间序列。从历史上看，时间概念本身是根据所有权的顺序形成的。但是占有的欲望反映出时间是一种对已经失去的、无法挽回之物的恐惧。存在是关于存在可能不存在的经验。仅仅这一点就使存在完全成为一项财产，变成一种可以用来交换其他等价物的东西。一旦被完全占有，所爱的人就不再被真正凝视。爱的抽象性是排他性的补充，它欺骗性地表现为抽象的对立面，又依附于这独特的、唯一的爱。占有欲正是通过把爱变成一个对象而失去了对它的控制，因此也丧失了它归属于“我的”的那个爱人。如果人不再被当做财产，他们就不能被交换。爱是一种专门与对方说话的感情，它依附于所爱的特征，而不是把人当做偶像，这是占有的反映。特殊性并不是排他的：它缺乏对整体性的渴望。但在另一种意义上，它又同样是排他性的：与爱不可分割地联系在一起的经验，在实际上并不禁止代替，但它的本质却禁止代替。对任何事物的明确捍卫，就是因为它不能重复，这也说明了我们为什么能容忍不同的东西。从人类的财产关系，即专有权的角度出发，衍生出这样一种智慧：毕竟人类只是人类，究竟是哪个人并不重要。对这种智慧一无所知的爱情不必惧怕不忠，因为它是对不忠的证明。

50 裂　缝

强行让知识分子坦诚布公通常是对思想的破坏。作者被要求明确地展示出让他得出结论的所有步骤，以便让每一位读者都能遵循这个过程，并在可能的情况下——在学术生产中——复制它。这一要求不仅引发了一种自由主义的幻想，认为每一种思想都具有普遍的可交流性，因而抑制了它们客观恰当的表达，而且就其本身而言，也是一种错误的表达方法。因为思想的价值是由它与熟悉事物的连续性之间的距离来衡量的。这一距离越小，思想在客观上贬值的程度就越高；它越接近既存的标准，它的对立功能就越被削弱，只有在这种对立的相对关系中，而不是在它的孤立的存在中，才有思想的根据。急于记录每一个步骤而不遗漏的文本不可避免地屈从于平庸，屈从于一种单调，这种单调不仅与读者所引起的紧张有关，而且与文本本身的内容有关。举个例子，齐美尔的作品因其与众不同的主题和令人痛苦的清晰处理而显得苍白无力。它们表明，深奥才是平庸的真正补充，而齐美尔错误地相信了歌德的秘密。但除此之外，对坦诚的要求本身就是在撒谎。如果我们第一次遵从那个有问题的指示，即阐述应该准确地再现思想的过程，那么这个过程与其说是知识从天而降，不如说是一个从一个阶段到另一个阶段的无逻辑的过程。相反，知识是通过偏见、观点、刺激、自我纠正、预设和夸张形成的网络来到我们面前的，简言之，知识是通过密集的、牢固的但绝不是一致透明的经验媒介获得的。笛卡尔法则认为，我们必须只关注对象，"以获得我们的头脑似乎充分了解的清晰的、无可置疑的知识”,以及该法则所涉及的一切秩序和性格,这一法则把与本质直观对立但又有着深刻联系的学说当作是错误的图景。如果后者否定逻辑的权利,那么前者就把逻辑的直接性,即与每一个单独的理智活动相联系的直接性,而不把逻辑作为认识主体的整个意识活动的中介。但这也承认了严重的不足,因为如果诚实的思想总是归结为单纯的重复,不论重复的内容是预先存在的,还是分类的形式,那么,为了与它的对象相联系,而放弃它的逻辑起源的完全透明性的思想,总是会招致某种罪过。它违背了以判断的形式为前提的诺言。这种不足之处类似于生活的不足之处,它描述的是一条摇摆不定、偏离正道的线,与它的前提相比令人失望,然而,只有在这条实际的道路上,它总是比它应该达到的程度要低,才能够在一定的生存条件下,表现出一种不受约束的路线。如果一个生命直接完成了它的使命,它就会错过它。任何一个老去的人,在看似无可指责的成功意识中死去的人,都会成为一个模范学生,背着一个看不见的书包,毫无缝隙或遗漏地完成人生的所有阶段。然而,每一个并非空谈的想法都会打上烙印,使其无法完全合法化,正如我们在梦中所知道的那样,为了在床上度过一个永远无法弥补的幸福早晨而错过了数学课。人们等待着某一天被失去的记忆唤醒,并将其转化为人生教学。

第二部分

1945 年

什么都奇差无比

了解什么最差一定很棒

——F·H·布拉德利*

* F·H·布拉德利(F.H.Bradley, 1846—1924),英国唯心主义哲学家,著有《表象与现实》(1893)一书,1870 年起任教于牛津大学默顿学院。其道德哲学的核心问题在于对"自我"的讨论,反对个人主义,强调"善的自我"对"恶的自我"的克服。理论主张同费希特、米德、实用主义关系甚密,后继理查德·罗蒂和反个人主义思潮。

51 镜子背后

给作家们的第一条预警：每篇文章，每个章节，每个段落都要仔细检查，看看有没有准确清楚地表达了中心题材。谁想表达什么，什么就把他吸引住，以致殆于省视。结果当意图近在咫尺，简直是“手到擒来”时，本来想说的东西他却忘记说了。

任何微小的改动都是值得的。

百处改动，虽然每一处都看似微不足道或者迂腐，但合在一起却将文本提升到了新的水平。

谁也别舍不得删稿。作品的长短无关紧要，担心写得不够多实在幼稚。我们不应该觉得一件东西仅仅因为它存在、被写下来了，它就有价值。有些文辞看起来就像是同一个想法的许多变体，其实这些牙慧常常只能代表作者尚未实现目标时的不同尝试，久试之后才能选出最合适的构思并进一步将它展开。有时为了结构的要求还得放弃一些构想，即使是极具创造性的部分，这些构思的丰富性和活跃性还能有助于释放出一些其他点子，但这只是写作技巧的局部而非全身。譬如在就餐时，人们一般不会刮盘边、舔杯底，这样未免显得太寒酸，会被当作是穷得揭不开锅。

想要避免陈词滥调，不能只局限于字斟句酌，然后粗俗地卖弄。19世纪法国的伟大散文作品对这种做法尤其敏感。没有词语本身是平庸的：在音乐中，也不可能用平庸来形容单个音符。大多数令人厌恶的陈词滥调都是词语的组合，如卡尔·克劳斯串联起来以供观察的那样，动不动就是“完全地”“彻底地”“或好或坏”“完善达成”。因为在这些作品中，陈言像泔水一样漫无目的地喷涌而出，而不是在作者精确的表达中先是受到阻碍，然后一泻千里。这不仅适用于词语的组合，而且适用于整体形式的构建。例如，如果一个辩证法家在他思想进程的转折点上，在每一个停顿处都以“但是”开头，那么这种文学手法就会把他思想中隐晦的意图变成谎言。

不是每片树林都能叫圣林的。因为内行圈子的自高自大而造成了理解上的困难，我们有责任把其中道理讲清楚。对紧凑风格和对深奥主题的追求是一码事：带着疑问去探索总是有益的。那些最不愿向浅识庸见让步的作家，必须避免把思想束缚在单调的文体中。洛克的质木无文与哈曼的晦涩词藻是五十步笑百步。

不论最终的作品有多长，如果引起了哪怕是最轻微的疑虑，都应拿出与其表面上的重要性不相称的态度严阵以待。因为情感和虚荣心的介入，往往会消除所有的顾虑。但恰恰在打消了刹那的怀疑中被忽略的东西，可能导致作品从整体上变得一文不值。

埃希特纳赫舞*不是世界精神的进行曲，一张一弛也并不等于辩证之道。相反，辩证法以极端的方式前进，以最大程度驱动思想，使其自我调头，而不是限制思想。谨小慎微使我们不敢把话说得太满，这通常只是社会控制和麻痹人的一种手段。

面对经常有人提出的反对意见，即一篇文章或一种提法“太美了”，这是值得怀疑的。哪怕作家表达的内容是苦难，人们也可以很容易地吹毛求疵，因为作家无法以具象化的语言来记录人类的堕落。尽管对一种无耻存在的梦想被扼杀在摇篮里，禁止将其用语言描述出来，但人们的热情却挥之不去。作家不应该承认美和辞达之间的区别。他既不应该在批评家的头脑中设想出这种区别，也不应该在他自己的头脑中容忍这种区别。如果他能把自己的意思完全表达出来，那就是美的。

---

* 埃希特纳赫是卢森堡的一个小镇特有的一种舞蹈，舞者先向前三步，然后向后两步。

为美而美并不会造成“太美”，而是修饰性的、布满人工痕迹的、丑陋的。反之，如果一个人以表意为借口，却忽视了表达方式本身的重要，那么他也背叛了表达的目的。

正确书写的文本就像蜘蛛网络：紧密、同心、透明、纺成细丝、牢固。它们把空中的一切生物都吸引到自己里面来。那些匆匆掠过的隐喻成了它们营养丰富的猎物。主题向它们飞来。一个概念的正确性可以通过它是否使一个引语召唤出另一个引语来判断。当思想打开了现实的一个细胞时，它无需主体的暴力就能穿透下一个细胞。当其他物体在它周围结晶化时，它就证明了它与这些物之间的关系。它把光投射到它所捉住的东西上，让这些东西开始发亮。

在作品中，作者设置了房子。就像他把纸、书、铅笔、文件从一个房间拖到另一个房间一样，他的思想也制造了同样的混乱。它们变成了他沉浸其中的家具，或满足，或烦躁。他深情地抚摸着它们，把它们磨坏，把它们混在一起，重新排列，毁掉它们。对于一个失去家园的人来说，写作变成了生活的地方。在里面，他不可避免地产生了垃圾和木屑，就像他在家里曾经做过的那样。但现在他没有储藏室，而且无论如何都很难将垃圾与剩菜分开。所以他把它们推到自己面前，最终有可能用垃圾填满他的书页。一个人必须硬着心肠不自怜，这就意味着在技术上有必要以最大的警惕来对付智力上的紧张松弛，消除任何已经开始给工作蒙上一层痂的东西，或使工作懒散地进行下去的东西。最后，作者甚至不被允许在他的写作中出现。

52 送子鹤从哪里来

只要多读多看，就会发现每个人都能在童话中找到自己的原型。美女问魔镜，她是不是世界上最漂亮的，就像白雪公主中的皇后一样。这姑娘直到死前都充满了焦躁，一丝不苟。就像那只爱重复同一句话的山羊，它说："我受够了，这东西不能吃，咩，咩。"一个饱经忧患却没有痛苦的男人，就像拾柴的驼背老太太，她遇到了上帝却认不出来。因为她帮助了上帝，所以有了福；另一个少年出外闯荡，在与众巨人的大战中占了上风，但还是死在了纽约。一个女孩像小红帽一样勇敢地在城市的荒野中生活，为她的祖母带去一块蛋糕和一瓶葡萄酒；而另一个女孩则像那个拿着满天星斗的银器的女孩一样，孩子气地脱下礼服去求爱。聪明人发现他有强大的野兽本能，不喜欢和他的朋友有一个差劲的结局，他们组成不莱梅城市乐团，带领他们到盗窟，智胜那里的骗子们，成功后他们只想回家。青蛙王子，一个无可救药的势利小人，用渴望的眼神望着公主，希望能让他自由。

53　智者千虑，必有一失

席勒的言行举止让人想起某位出身低贱的年轻人，他在上流社会里感到尴尬，于是开始大喊大叫，想让别人听到自己的声音。这名德国人模仿了法国人的巧言令色和格言警句，并在啤酒馆里进行了排练。在他无休无止、毫不妥协的要求中，该男子挺起胸膛，把自己和一种他所没有的力量联系在一起，其傲慢超过了这种力量，达到了绝对精神和绝对恐怖的高点。所有理想主义者都有一个共同的特点，那就是把整个人类都包含在宏伟的崇高之中，这种崇高时刻准备着非人地践踏任何微小的存在，而资产阶级却在粗暴地炫耀他们的暴力，这两者之间有一种密切的勾结。精神巨人的尊严往往表现为空洞的、爆发性的大笑。当他们说到创造时，他们指的是一种强迫的意志力，他们用这种意志力使自己膨胀，威胁所有的问题：从他们把实用理性放在首要地位来看，对理论憎恨始终只是其方法的一个步骤。这种动力存在于一切理想主义的思想运动中：甚至黑格尔用自己的力量去补救这种动力的不可估量的努力，也成了这种动力的牺牲品。试图从单一原则出发，用语言对世界进行推理，是篡权而不是抗争的行为。因此，席勒主要关心的就是篡权。在古典时代对自然主权的神圣化中，庸俗和低劣的东西通过不懈的否定来映照自己。理想的背后是生活。天堂里的玫瑰香味，形容它的浓度，仅靠一朵是远远不够的。治安长官办公室里的烟草味，以及背景布上那深情的月亮，都是可怜的油灯的影子，学生们借它微弱的灯光准备考试。即使是在阶级轰轰烈烈地反对暴政的时候,用乡绅的姿态也暴露了所谓正在崛起的资产阶级的思想。人性的最深处,我们所谓的灵魂,激发了一个疯狂的囚犯,作为法西斯主义的灵魂,把世界变成了一个监狱。

54 强　盗

康德主义的席勒比歌德更麻木，也更感性：更抽象，像是性征的玩物。性，作为一种直接的欲望，使一切事物都成为行动的对象，并因此而平等。“把阿玛莉亚献给强盗”——这就是为什么露易丝依然淡乎寡味。* 卡萨诺瓦笔下的女性，常常以字母而不是名字来称呼，彼此之间很难区分开来，就像在萨德的机械风琴的压力下形成复杂金字塔的雕像一样。这种性的野蛮，这种不能区分的东西，使伟大的唯心主义的思辨系统充满活力，无视所有的命令，把德国人的思想束缚在德国的野蛮之中。农民的贪婪，只有在牧师的威胁下才难以抑制，在《形而上学》中声称，它有自治的权利，可以像士兵和被占领城镇的妇女一样，粗暴地把道路上的一切都简化为本质。纯粹不反射的行为** 是对星空的违反。但在长时间的、沉思的、充分揭示人和事的眼神中，对物体的渴望总是被折射出来，得到反映。没有暴力的沉思是真理全部欢乐的源泉，它假定沉思的人不把客体纳入自己：以此来获得一种距离的接近。心理分析学家称塔索是一个消极角色，他害怕公主，由于不敢直面，结果沦为了文明的牺牲品。正是因为如此，阿德海德、克拉申和格雷琴才能够讲出一种清澈、自然的语言，使他们成为原始世界的形象。*** 歌德笔

---

* 阿玛莉亚是席勒的戏剧《强盗》的女主角，露易丝是席勒的戏剧《阴谋与爱情》的女主角。

** 引自费希特一句话。

*** 阿德海德、克拉申和格雷琴分别是歌德戏剧《葛兹·冯·伯里欣根》、《哀格蒙特》和《浮士德》中的女主角。

下的女人所散发出的生命气息，是用退缩、逃避换来的；这不仅仅是屈服于胜利的秩序。与之相对的是唐璜，他象征着感性与抽象的统一。克尔凯郭尔说，在唐璜身上，感性被理解为一种原则，触及了感性本身的秘密。在它的凝视中，直到自我反省的曙光出现之前，有一种不为人知的、令人不快的普遍性，这种普遍性在它否定的、不受约束的思想主权中得到了宿命的再现。

55 我可以大胆一点吗?

我可以大胆一点吗?当施尼茨勒*《轮舞》里的诗人温柔地接近那个和蔼可亲、不拘谨的姑娘时,她说:“滚开,你为什么不弹钢琴?”她既不会不知道这个问题的目的,也不会反抗。她的冲动比传统的或心理上的禁令更为强烈。它表达了一种古老的冷淡:雌性动物对交配的恐惧,这给她带来的只有痛苦。快乐是一种迟来的习得,几乎不比意识来得早。观察动物们是如何强迫性地结合在一起,你会意识到,“上善若水,利万物而不争”是理想主义的谎言,至少对于那些在不自由的环境中经历爱情的雌性来说,这是一种暴力。一直到工业时代晚期,妇女,特别是小资产阶级妇女,仍然保持着这种意识。虽然身体上的疼痛和眼前的恐惧已经被平民化了,但对旧伤的记忆依然存在。社会不断地将女性的自暴自弃抛回到自我牺牲的状态中,使其获得自由。如果一个男人哄骗一个可怜的姑娘跟他私奔,除非他完全麻木不悟,否则谁也不会弄错她反抗时的那种微弱的紧张的时刻,那是父权社会留给女人的唯一特权,一旦她在短暂的拒绝之后被说服了,她就必须立即付出代价。她知道,作为施予者,她从远古时代起就被愚弄了。但如果她嫉妒自己,她只会被骗得更多。维德金德**给一个妓院老板的忠告中提及:

---

* 施尼茨勒(Artur Schnitzler, 1862—1931),奥地利剧作家和小说家。

** 维德金德(Frank Wedekind, 1864—1918),第一次世界大战前德国激进的表现主义剧作家,他的作品后来影响了布莱希特。

“在这个世界上，快乐只有一种方式：尽一切努力使别人尽可能快乐。”快乐的体验是以无限的准备放弃自己为前提的，这比女人的恐惧和男人的傲慢要多得多。幸福不仅是客观的可能性，而且是主观的能力，只有在自由中才能实现。

56　谱系学研究

易卜生和蓬头彼得之间有很深的渊源，就像19世纪相册中闪光照片中所有家庭成员之间冰冷的相似性一样。《不安分的菲利普的故事》不是真的像《群鬼》里说的那样，是一部家庭剧？银行经理的妻子博克曼夫人的表情难道不是写着"餐桌上母亲的怒视/默默地凝视"吗？奥古斯都衰弱的原因是什么，是不是他祖先的罪恶和继承下来的罪恶记忆？愤怒的弗雷德里克被开了一剂苦口良药，作为回报，人民的敌人斯托克曼医生喂狗吃肝肠。《持火柴跳舞的小哈丽特》是小希尔德·旺格尔润饰过的照片，那是她母亲海之母把她一个人留在房子里的时候拍的。飞人罗伯特掠过教堂的尖顶，是她的私人监工。除了太阳，迷糊的约翰尼还想要什么？除了负心人吕达，还有谁能害小艾友夫溺水？然而，这位严厉的诗人以高个阿格里帕为榜样，他把现代儿童的图画浸在他的大墨水瓶里，把它们染黑，让它们像激动的木偶一样坐在那里对自己进行评判。

57 深　挖

一提到易卜生的名字，人们就说，他的戏剧主题过气了。而在60年前，人们会说，他的《玩偶之家》和《群鬼》既带来了现代主义的颓废，又不道德。资产阶级斗士易卜生向社会发泄着怨气，他的顽固和理想正是从社会的原则中产生的。他所描绘的是一个强有力而且持久的丰碑，一个由绝大多数人组成的代表团体，他们大声欢呼着人民公敌被打倒，但没觉得这个形象是在奉承他们。于是，他们只看眼前事。当理性的人对不合理的事情达成一致意见时，我们总能找到一些尚未解决的问题，这些问题留下了痛苦的疤痕，也就是妇女问题的现状。通过对自由竞争的“男性化”的扭曲，让妇女也参与到雇佣关系中，但她们无法拥有同男性一样的独立权利，消除了家庭工作的神秘光环，解除性方面的禁忌，这一系列的变化让妇女问题确实从表面上看不那么急迫。然而，传统社会依然存在，还是扭曲了妇女的解放。工人运动的失败正是妇女运动的前车之鉴。允许妇女参加任何一种在监控下才能完成的活动，都是对持续的非人化的掩饰。在大企业中，妇女的地位和当初在家庭中的地位一样，只是对象般的存在。她们不仅在工作中要兢兢业业，为工业世界中的本地生产付出自己毫无意义的劳动，还要负担起繁重的家务，我们不仅要考虑她们的工作，还要考虑她们自己的需要。他们自愿的、没有任何抵消的冲动，反映和认同了施加于自身的统治。男性社会不但没有解决妇女受压迫的问题，反而扩展了自己的原则，受害者甚至不能再提出受压迫的问题。只要给予妇女一定数量的商品，她们就会热情地接受自己的命运，把思考留给男人，让男性把所有的思考都污蔑为对文化产业所宣扬的女性理想的冒犯，并且在女性认为无法实现性自由时，男性完全感到自由。她们为之付出代价的缺点，神经质般地犯蠢，都让这种状况有增无减。即使在易卜生的时代，大多数在资产阶级社会中拥有了一定地位的妇女，也都准备把她们那些患癔症的姐妹撕碎，自己顶替上去，无望地企图从社会的监牢中挣脱出来，而这监牢的四壁对她们来说是那样的坚不可破。她们的孙女辈对这些癔症患者却会心一笑，甚至完全不觉得跟自己有什么关系，把她们交给福利机构去处理。想要奇迹的癔症患者已经让位于疯癫又高效的傻瓜，她们等不到末日——但也许这就是过气的表现。过气不仅是一种时间的距离，而且也是历史结论。过气表现是可耻的，这意味着面对曾经存在的可能性没能得到实现，而已经取得的成就却可以被遗忘，并保存在现在。过气的是失败之处，它未能兑现对一次新的开始的承诺。易卜生笔下的女性被称为“现代女性”并非没有道理。人们对现代性和过气同样讨厌。

58 关于海达·加布勒*的真相

19世纪的唯美主义不能从思想史的角度来理解，而只能从它在社会冲突中的实在基础来理解。潜在的不道德是一种坏掉的良心。批评家们不仅在经济上，而且在道德上用自己的准则来对抗资产阶级社会。这使得统治阶层不愿像宫廷诗人和小说家那样，简单地陷入道歉和软弱无力的谎言之中，他们除了拒绝社会判断的原则，即社会自身的道德之外，别无他法。然而，激进的资产阶级思想采取了一种新立场，他们回避对社会力量的直接反抗，怒而用自我毁灭、挑衅式反抗和有条件投降所昭示的离谱真理来取代意识形态的幻想。反对资产阶级伪善的审美，成了反对"善"。至善是小善的畸变。通过将道德原则与社会分离，并将其置于个人良知的领域，善在两种意义上都是对道德原则的限制。善免除了实现道德原则所隐含的一种只有人类才能配得上的条件。每一次善举都在某种程度上给人一种顺从和安慰：善的目的是减轻痛苦，而不是治愈，而无法得救的意识最终还是希望得到治愈。这样，善本身也受到了限制。它的罪是亲密关系。善在人与人之间创造了一种直接关系的幻想，以至于忽视了距离的重要性，距离是个人防止普遍性侵害的唯一保护。正是在最密切的接触中，他才最痛苦地感到人与人之间的差别是无法消除的。重新认识陌生感是消除隔阂的唯一办法。善之和谐只是短暂的，这只更加残酷地强调了不和谐是一种痛苦，而善却愚

---

* 海达·加布勒，易卜生同名戏剧的主人公。

蠢地否认这种痛苦。任何善举都不能获得对品位和关心进行冒犯的豁免,这就让审美乌托邦在反对的力度上显得更加无能。自高度工业化社会开始以来,邪恶的信条不仅是野蛮的先驱,而且也戴着善良的面具。这种邪恶先把对秩序的所有怨恨都吸引到自己身上,然后把善灌输给善的追随者,这样它就可以继续不受惩罚地成为邪恶。当海达·加布勒冒犯了好心的朱莉阿姨时;当她故意假装姑妈为纪念将军的女儿而给自己买的那顶讨厌的帽子是买给女仆的时候,这个沮丧的女人不仅残忍地把她对这桩讨厌的婚姻的仇恨发泄到一个没有自卫能力的受害者身上,还违背了自己生命中最美好的东西,因为她认为美莫大于亵渎。她无意识地、荒谬地代表着绝对,而不是崇拜她那笨手笨脚的侄子的老妇人。海达才是受害者,而不是朱莉。海达迷恋"美",甚而在嘲笑道德之前就反对它,因为它回避一切一般的东西,把单纯的存在所决定的差别,把只有利于一件事而不有利于另一件事的偶然性,设定为绝对的差别。在美里面,不透明的特殊性把自己当作一种规范,就像一般的、正常的普遍性变得太透明一样。因此,它挑战了后者,即所有非自由事物的平等。在这样做的过程中,它本身就变得有罪了,因为它切断了所有超越这种单纯存在的可能性,而这种存在的不透明性只反映了不真实的普遍性。所以美发现自己在对与错的对立中,同时又在对与对的对立中找到了对的一面。在美中,脆弱的未来把它的牺牲献给了现在的火神:因为,在后者的国度里,不可能有善,它使自己变成恶,以便在它的失败中给法官定罪。美对善的抗议是悲剧英雄幻想的资产阶级的、世俗化的形式。在社会的内在性中,对其否定本质的意识被遮蔽,只有抽象的否定才能代替真理。反道德,在拒绝道德中不道德的东西时,比如道德压抑,继承了道德最深切的关注:所有的压抑,所有的暴力都应该被废除。这就是为什么资产阶级要顽固地进行自我批评的动机,实际上也与唯物主义的动机是一致的,通过唯物主义的动机,资产阶级的自我批评获得了自我意识。

59　自从我看到他*

女性的性格，以及作为其原型的女性气质的理念，都是男性社会的产物。自然的无扭曲的形象只在扭曲中出现，作为它的反面。只要它声称是人道的，男性社会就会专横地在妇女身上孕育出它自己的矫正者，并通过这种限制无情地显示出它自己是主人。女性性格是一种消极的统治烙印，但因此也同样糟糕。凡是资产阶级错觉中所谓的自然，都只是社会残害的伤痕。如果精神分析理论是正确的，即女性经历身体构造是阉割的结果，那么她们的神经症就给了她们一点真相的暗示。一个来月经时感到自己受到了伤害的女人，要比一个把自己想象成一朵花的女人更了解自己，后者只是对她的丈夫来说很合适。谎言不仅在于宣称自然存在于它被容忍和适应的地方，而且文明中被认为是自然的东西，就其本质而言，与所有的自然——它自己选择的对象——相去甚远。诉诸本能的女性气质，正是每个女人必须通过暴力——男性的暴力——强迫自己成为的：女汉子。作为一个嫉妒心强的男性，你只需要知道，这样的女性是如何将她们的女性特质展现在指尖的——在需要的地方展现出来，用她们的眼神，用她们的冲动。你就能知道，在受到保护的无意识中，事情是如何发展的，不受智力的影响。正是这种毫发无损的纯洁是自我、审查和理智的产物，这就是为什么它如此不抵

* 引自阿德尔伯特·冯·查米索（Adelbert von Chamisso，1781—1838）的一句诗，此诗后来由舒曼配乐。查米索是一位流亡的法国贵族，后成为德国最早的浪漫主义诗人之一。

抗理性秩序的现实原则。女性的天性无一例外地是墨守成规的。尼采的审视并没有达到这一点，他从基督教文明中接受了一个二手的、未经证实的女性本性的形象，他原本是如此彻底地不信任基督教文明，这一事实最终使他的思想受到了资产阶级社会的支配。他上当受骗了，在谈到女人时总说“女性化”。因此，背信弃义的建议是不要忘记鞭子：女人味本身就是鞭子的效果。自然的解放将会废除它的自我制造。对女性性格的赞美意味着对所有忍受它的人的羞辱。

60 关于道德的一个词

敌道德主义，尼采曾用它来谴责古老的非真理，现在它本身也受制于历史的裁决。宗教的衰落及其明显的哲学世俗化、限制性的禁令失去了其内在的权威和实质。然而，首先，当时的物质生产还很不发达，所以可以用某种理由宣称，还没有足够的物质。任何不这样批评政治经济的人必须坚持限制原则，而限制原则后来被明确地说成是不合理的挪用，损害了弱者的利益。这种情况的客观先决条件已经改变。不仅是社会上不墨守成规的人，甚至是心胸狭窄的资产阶级，在可能出现多余的东西时，也必须把限制看作是多余的。与此同时，主人道德的隐含意义，即想要生存的人必须自谋生路，已经变成了一个比 19 世纪的布道智慧更加悲惨的谎言。如果在德国，普通公民已经证明自己是一头金发野兽，那么这与国家的特性无关，而是因为金发野兽般的兽性本身，即社会掠夺，明显表现出一种对蛮荒之人、受了迷惑的庸俗之人的态度，这种“吃苦耐劳”的心态，正是创造道德的初衷所要与之斗争的。如果恺撒·博尔吉亚*今天复活，他看起来会像大卫·弗里德里希·施特劳斯**，他的名字会是阿道夫·希特勒。敌道德的原因已经被尼采所鄙视的达尔文主义者所拥护，他们宣称野蛮的生存斗争是他们的

---

* 恺撒·博尔吉亚(Cesare Borgia，1475/1476—1507)，意大利文艺复兴时期的军官、贵族及红衣主教。

** 大卫·弗里德里希·施特劳斯(David Friedrich Strauss，1808—1874)，圣经批评家和思想家，1866 年与俾斯麦结盟，倡导进化论，将其作为基督教的哲学替代品。

格言，仅仅因为不再需要它。区别早已不再在于为自己取最好的东西，而变成了一种满足于索取的状态，它在现实中实践着给予的美德，而尼采的美德只存在于思想中。与60年前的享乐主义生活相比，禁欲主义理想如今构成了抵御利润经济疯狂行为的更坚实堡垒。现在，敌道德主义者终于可以允许自己像尼采那样善良、温柔、无私、心胸开阔了。他的抵抗丝毫没有减弱，在这一点上，他仍然是孤身一人，就像他给正常世界戴上邪恶面具的日子一样，让规范为自身的乖僻而感到恐惧。

61　申诉法庭

尼采在《反基督者》中对神学和形而上学发出了最猛烈的驳斥，因为在神学和形而上学中，希望被错认为是真，没有关于绝对的思想，就不可能幸福地生活，甚至根本不可能生活，然而这并不能证明这种绝对思想的合法性。尼采不承认基督徒所谓的“神力证明”，就是说因为信仰能叫人得福，所以信仰是真实的。因为“极乐——或者更专业地说，快乐——能成为真理的证明吗？到目前为止，它几乎证明了相反的情况，无论如何，只要快感有了发言权，它就给了人们怀疑‘真理’的最有力理由。快乐就是快乐，仅此而已。究竟为什么真实的判断比虚假的判断能带来更多的快乐呢？而且，根据同一种先定和谐的关系，正确的判断必然会给人带来愉快的感觉呢？”但尼采自己却说出那种“爱命运”的戒条：“你应该热爱你的命运。”他在《偶像的黄昏》的结语中说，这是人类内心深处的本性。有人很可能会问，我们是否有更多的理由去爱发生在我们身上的事情，凡发生了的就肯定，而不是抱着真正的信与望。把顽固的既存事实确立为最高价值，不正是尼采所批判的那种关于从希望飞跃到真理的错误推论吗？如果“执念的快乐”是跟疯人院有关的话，那么“爱命运”就源自监狱。当一个人再也没有什么爱可以付出的时候，石墙和铁窗就是他最后的归宿。绥靖政策在可耻的程度上没有区别，为了忍受世界的恐怖，就把现实归纳为尔虞我诈。但在“爱命运”的口号中，屈服既是对一切荒谬之物的赞颂，也是对存在力量的赞颂。在现实中被否定的希望，最终会成为真理的唯一形式。如果没有希望，真理的概念就不可能是真实的，反过来，仅仅因为认识到存在是坏的，就把它当作真理来提出，这也是大错特错。这就是神学所犯下的罪，尼采对它的控告从未达到最高法庭。在他批判最有力的一段中，他用神话来指责基督教："有罪的牺牲精神，表现为最令人厌恶和最野蛮的形式，它让无辜的人为有罪的人牺牲！这是多可怕的异教信仰！"然而，对命运的热爱是对这种无限牺牲的绝对认可。除此之外别无他物。神话害得尼采对神话的批判与真理背道而驰。

62　简短的展示

重读阿纳托尔·法朗士的《美食》等发人深省的文章会令我们不寒而栗。尽管人们对启蒙运动已不再心存感激，但不仅叛逆的法国非理性主义者用那种过时的语气解释不了这种不安，而且它跟个人的虚荣心也关系不深。但当虚荣心成为嫉妒的理由时——嫉妒一经冒头，智慧就能揭穿它——这种不安的原因就变得清楚了。因为这位思想家的工作是站着说话不腰疼，不管他的思想多么松散，又是多么热衷于到处指点江山。思想的批判内容被一种从古至今都存在的氛围所掩盖，这种氛围在我们的学究对现状的冬烘说教中随处可见，而这名伏尔泰的模仿者，会在自己的讽刺作品书名页上签字表明自己是法兰西学院的成员，这本身就是一种反讽。在泰然自若的姿态背后，隐藏着一种暴力：意味着只有他可以用这种方式说话，因为没有人敢打断他。所有的高谈阔论，所有的高声朗读，都带有一种霸占的意味，通过他各时期作品的结构，我们可以清楚地看出这种意味。他强调了最后之人的尊严，在他那儿，不动声色地使用陈词滥调显然是一种对人类的隐隐鄙视。他写道："艺术家应该热爱生活，并把生活呈现为美的。没有艺术家，我们只能怀疑生活是丑陋的。"但是，在法朗士生硬的冥想中引人注目的是，他越是声称这些思考没有直接目的，就越是能够微妙地反映出他的直接目的。因此，冷静旁观变得与急功近利同样不可信。尽管一种思想的内容跟越来越强烈的恐怖浪潮相对立，但出于历史意识的神经敏感，这种思想在形式上，甚至在它仍然称其为一种思想的过程中，出现了对世界纵容的痕迹。当一个人在研究思想的内容时,让它成为哲学研究的对象,这就是已经对世界做出了让步。一切思想者所必需的超然是对自身特权的夸耀,允许思想者不被现实污染。由此引起的对思想超然性的厌恶现在是理论的最严重障碍:谁听命于现实,谁就得保持沉默;反之,谁不相信命运,谁就会因为对文化过于自信而变得粗俗和堕落。把谈话分成专业谈话和严格的传统谈话,这固然令人厌恶,但它也暗示我们注意到,如果不傲慢地侵犯别人的时间,就不可能说出自己的想法。虽然我说的话有可能完全派不上用场,但我们这次展示还是迫切需要说明一点,那就是必须始终把这些经验放在心上,并且通过思想的节奏、紧凑性、密度以及实验性来表达它们。

63 不朽性的死亡

据说福楼拜曾对自己的名声嗤之以鼻，但他对写出了《包法利夫人》这部小说的自己，作为资产阶级纨绔作家，身上体现出的矛盾也同样无动于衷。在腐朽的公众观点和舆论压力下，他的反应和卡尔·克劳斯一样，认为自己摆脱了资产阶级遗留下来的愚昧，能为本真的批评带来应有的荣誉。但他低估了资产阶级的愚蠢：他代表了无名的社会，随着社会越来越总体化，资产阶级的愚蠢也像他们的智慧一样，变成了绝对的。这击中了知识分子的要害。知识分子把希望寄托在子孙后代身上，自己却随波逐流，即使只是与伟大的思想达成共识。但一旦他放弃了这种希望，某种盲目的、猪狗不如的思想就会出现在他的作品中，让他转向另一种极端的愤世嫉俗式屈服。由于市场社会的客观进程而产生的名声已被消灭，它总是偶然的，往往不为人求，但带有公正和自由选择的光环。名气已完全成为付费宣传人员的一项职能，并以姓名持有人或其背后利益所承担的投资风险来估量。被雇来鼓掌的人现在已经获得了作为文化体制官方代言人的名声，奥诺雷·多米埃*却把他们看作累赘。作家们在职业生涯中一心想要获得代理人，就像以前寻找出版商一样自然。作家承担着成名的个人责任，因此从某种意义上来说，他们死后——在一个完全有组织的社会里，如果不为人所知，还有什么能希冀人们记住的呢？——像从前一样，从教会的侍僧那里

* 奥诺雷·多米埃（Honoré Daumier，1808—1879），法国画家、雕刻家。

购买永生。但是这次没有祝福与之相伴——就像自愿的记忆和彻底的遗忘总是在一起，有组织的名声和记忆不可避免地会导致虚无，而这种虚无的味道在所有名人忙碌的活动中都能感觉到。名人并不快乐，他们变成了品牌商品，异化而又不可理喻，因为他们自命不凡地关心自己的商业光环。对文化产业中倒下的偶像所表现出的不人道的冷漠和蔑视，揭示了他们名声的真相，尽管也没有给那些蔑视他们的人留下更好的希望。于是，知识分子发现他的秘密动机是不合法的，除了把他的发现记录下来，别无他路。

64 道德和风格

作家会发现,他越能精确、认真、恰当地表达自己的思想,其文字就越晦涩难懂,而用松散、不负责任的迎合口吻却能立即得到读者的理解。要避免所有的技术表达,所有对已不复存在的文化领域的暗指,都是徒劳无益的。无论措辞多么严谨纯粹,结果都会造成一种真空。随波逐流而来的浅俗道理被认为是接地气的标志:人们知道自己想要什么,因为他们知道别人想要什么。在任何表达中,对说话对象的关注,而不是对交流本身的关注都是可疑的:任何具体的事物,如果不是从既存模式中提取出来的,就会显得不体谅人。这是一种古怪的症状,几乎是一塌糊涂。当代的逻辑非常清楚地说明了这一点,它幼稚地采纳了日常用语中这种扭曲的观念。含糊的表达允许听者去想象任何适合自己的东西,以及他已经想到的东西;严格的提法需要明确的理解和概念上的努力,而人们故意不鼓励这种理解和努力,它们在任何拿来的思想出现之前会造成一种思想悬停,并把人孤立起来,这是他们所反对的。只有他们不需要理解的东西,他们才认为是可以理解的;只有商业创造的、真正异化了他们的词语,才会让他们感到亲切。很少有什么东西能对知识分子的道德败坏做出如此大的贡献。谁想逃避它,就必须承认沟通能力的倡导者是沟通行为本身的叛徒。

65　一点也不饿

把工人的方言和书面语对立起来是反动的。消遣，甚至是荣誉和傲慢，都赋予上层阶级一定的独立性和自律性。因此，消遣与它自己的社会领域相抵触。它转而反对统治者，他们试图通过消遣来发号施令，拒绝为自己的利益服务。而另一方面，统治本身就已经在践踏着臣民的语言，从而进一步剥夺了他们所享有的正义。无产阶级的语言是由饥饿决定的。穷人咀嚼文字填饱肚子。从语言的客观精神出发，他们的思想寄托不为社会所接受。嘴里塞满言语的，就在牙缝里没有别的了。所以他们报复语言。由于被禁止去爱，他们残害了语言的身体，因此在疲乏的力量下重复着强加给他们的毁灭。北柏林腔和伦敦腔就妙在现成的机智和天生的智慧，它们都被一种需要所破坏，这种需要是为了忍受绝望的处境而不感到绝望，为了和敌人一起嘲笑自己，从而承认世界的道路。如果书面语言将阶级隔阂编纂成法典，纠正的办法不在于回归口语，而只能是始终坚持最严格的语言客观性。只有吸收客观性来写作才能超越语言，才能把人类的语言从已经是人类的谎言中释放出来。

66　拼盘杂拌

人们已经熟悉了这样一种宽容，即所有人、所有种族一律平等。这是一种自作自受，它向简单的感官驳斥敞开了自己的嘴。最令人信服的人类学证据表明：犹太人不是一个种族，这样一旦发生大屠杀，也几乎不会改变这样一个事实，即极权主义者完全知道他们要杀谁不杀谁。如果把所有具有人类外形的人的平等作为一种理想来要求，而不是假设为一种事实，这也不会有多大帮助。抽象的乌托邦与社会上最阴险的倾向完全匹配。人人都一样，这正是社会所希望听到的。它认为实际的或想象的差异作为耻辱，还不够明显，也就是说某种人性的东西仍然被留在机器之外，不完全由整体决定。集中营的技术就是让犯人成为看守，让受害者变成凶手。种族差异先被提升到一个极端，以便可以在一定意义上把一切有差异的东西都消灭。另一方面，一个获得解放的社会将不会成为大一统的国家，而是在和而不同中实现普遍性。因此，那些仍然认真关注这样一个社会的学者，不应该把人的抽象平等作为一种观念提出。相反，他们应该指出当今的平等是一种糟糕的平等，人们居然认为那些仅仅对电影中的暴力感兴趣的人和真正的暴徒没什么两样，他们应当设想：更好的国家是一个人们可以毫无恐惧地与众不同的国家。向黑人保证他和白人一模一样，而他显然并非如此，这是在暗中进一步欺骗他。他被一种标准的仁慈地羞辱了，在这种标准下，在体制的压力下，他必然会被发现自己仍有不足之处，而要满足这种标准，无论如何，获得的都是一种值得怀疑的成就。因此，张口闭口主张统一和宽容的人，总是时刻准备对任何顽固不化的人采取不宽容的态度：对黑人的热情并不等于对犹太人也爱屋及乌。社会大熔炉是肆无忌惮的工业资本主义的发明。想到要投身其中时，人们联想到的是殉难，而不是民主。

67　以牙还牙

对于德国人所做的一切，从心理学上去理解是不可能的，他们所犯下的恐怖罪行，与其说是出于一时的满足，不如说是出于盲目的计划和异化的恐怖主义。据亲历者称，纳粹分子在进行折磨和谋杀犹太人的过程中并无乐趣可言，也许正因为如此，他们也完全没有节制。然而，一种意识如果想要承受不可说之物，那么它如果不是从主观上屈服于疯狂的客观存在，就会一次又一次地被抛回到理解的尝试上。甚至有种说法，把德国法西斯理解为一种可以预见的报复行动。信用体系可以让一切提前进行，甚至是征服世界，它也决定了结束信用体系和整个市场经济的行动，包括结束独裁统治。可以说，在集中营和毒气室里，德国自身遭受的毁灭正在被淡化。假如1933年有个人在柏林看到国家社会主义最初兴起的几个月，他不会察觉到，伴随着蓄意醉酒、纵火队和鼓点之后而来的是致死的悲痛和蒙在鼓里的自甘堕落时刻。在那几个月里，最受欢迎的德国歌曲《人民，请拿起你们的武器》在林登湖边的林荫大道上回荡着，那首歌听起来多么令人沮丧。每天都是固定不变地说要去拯救祖国，这最初就表现出了在集中营里排练的灾难情形，而大街上的凯旋淹没了所有的不祥之兆。这种灾难的预感不需要由集体无意识来解释，尽管可能在这件事上该理论很有发言权。德国在帝国主义列强之间所处的地位，就其可利用的原料和工业潜力而言，在和平与战争时期都是无望的。每个人都愚蠢到对此熟视无睹。让德国投入这场竞赛的最后一搏，就是跳入深渊，因此其他国家先被推入深渊，因为德国人相信，德国可能因此得以幸免。国家社会主义企业以破纪录的恐怖主义和暂时的贸易优先权来补偿其在总产量上不利地位的机会是微乎其微的。即使是对巴黎的攻陷也没有给德国人带来任何欢乐，因为最相信这种可能性的不是德国人，而是其他国家的人。德国人胜利的时候，已经像那些一无所有的人一样疯狂了。德意志帝国主义的开端，是瓦格纳的《诸神之黄昏》，它唤醒了这个国家会自取灭亡的预言。伴随着音乐的是1870年的普法战争胜利。本着同样的精神，在第二次世界大战发生前两年，德国人民在电影中看到齐柏林飞艇在莱克赫斯特坠毁。船本来在平稳地前进，然后突然像一块石头一样掉了下去。当没有出路的时候，这种破坏性的冲动就会对它从未明确提出过的问题表现得漠不关心：无论它是针对他者还是针对主体。

68　人们在看着你*

对残忍行为的愤怒会成比例地减少，受害者越是不像普通读者，肤色越黑，越“肮脏”，越像拉丁佬，愤怒减少的比例就越大。这对于罪犯和观察者来说是一样的。也许反犹分子的社会图式是这样的，他们根本不把犹太人看作是人。我们总能听到这样的说法，认为野蛮人、黑人和日本人就像动物一样，例如猴子，这种说法是理解种族大屠杀的关键。当一只受了致命伤的动物注视着一个人的时候，屠杀就注定要发生了。他对这种注视中的蔑视意味的抗拒——“毕竟，这只是一只动物”——总是重现在对人类的残酷行径中，犯罪者一再向自己保证，他们的受害者只是一种“动物”，但即使是动物，他们也不能完全下得去手。在专制社会中，人类概念是对神的概念的模仿。“病态投射”的机制决定了掌权者只把其他人看作是自己的影子，而不是当作与自己截然不同的东西。因此，谋杀是一种更疯狂的行为，它的目的是把针对这种错误认知方式的愤怒之情扭曲成理性：过去不是人而现在是人的东西，被当作是客观的物，它引起的刺激反应不再能反抗愤恨的凝视。

---

* 改自保罗·艾珀(Paul Eipper，1891—1964)的一本著作名《动物在看着你》，艾珀是一位动物故事作家。

69 小人物

那些否认客观历史力量的人，在战争结局中找到了现成的论据。他们说，德国人本应该赢的：但他们没有赢，是因为他们的领导人愚蠢。证明希特勒是个笨蛋的决定性时刻，就在于他拒绝对英国发动战争。他对苏联和美国的攻击，都有确切的社会意义，这是根据社会的辩证法不可避免地从一个合理的步骤发展到下一个合理的步骤和灾难。但即使这是愚蠢的行为，通过历史也是可以理解的；愚蠢不是一种自然的品质，而是一种由社会产生并且由社会强化的品质。德国的统治集团之所以走向战争，是因为他们并没获得皇权带来的好处。但是他们之所以没能得到这种好处，是因为地方主义既盲目又碍手碍脚，这使得希特勒和里宾特洛甫的政策缺乏竞争力，最后把战争变成了一次赌注。对于托利党如何平衡普遍阶级利益和英国本国的特殊利益、红军的战斗力，还有第三帝国的警戒线后面的民众情况，他们统统不怎么了解。原因要到国家社会主义的历史中去找，而且与它的优势性有关。纳粹的铤而走险之所以能成功，就在于他们一无所知，而这也是他们后来失败的原因。德国工业的落后局面迫使其政治家们——急于收回他们失去的东西，而作为无业者，又特别有资格扮演这一角色——退回到他们狭隘的政治表面经验上来。除了欢呼的集会和惊恐的谈判者，他们什么也看不到：这阻碍了他们对更大规模资本的客观力量的看法。希特勒是自由社会的刽子手，但他自己的意识状态却过于“自由”，没有意识到德国以外的工业潜力是如何在自由主义的面纱下建立起不可抗拒的统治的，这是对希特勒的内在报复。他承认自由主义的不真实，这是其他资产阶级所不承认的，但他却没有认识到其背后的力量，希特勒实际上只不过是这种力量的一个鼓吹者。他的意识回到了那些目光短浅的弱者立场上，他采取这种立场是为了缩短他们的工作时间。德国的时刻必然与希特勒的愚蠢相吻合。只有像人民一样对世界和全球经济一无所知的领导人，才会指挥他们去打仗，放纵他们顽固地从事一项完全不受反思阻碍的事业。希特勒的愚蠢是理性的诡计。

70　意见不合

第三帝国从未产生一部从心理结构上能够满足自由主义对“质量”微乎其微要求的艺术品。对人性的破坏和对精神的保护，就像防空洞和鹳鸟的巢穴一样风马牛不相及，而重生的军事文化，在重生后的第一天就像柏林的末日一样，成了一片废墟。至少对于这种文化，人们采取了消极抵抗的态度。但是，所谓的民族社会主义所释放的文化能量并没有被技术、政治或军事领域所吸收。它是彻头彻尾的野蛮，甚至战胜了野蛮精神自身。这可以从战略领域看出。法西斯时代没有带来战略的繁荣，而是废除了战略。伟大的军事构想与狡猾、想象力密不可分，也几乎与个人的精明和主动性密不可分。它们是相对独立于生产过程的学科的一部分，目的是从专业创新中获得决定性的优势，例如对角线作战线或火炮的精度。在这一切中，有一种自力更生的资产阶级美德。汉尼拔是商人的后代，而不是英雄的后代，是民主革命的拿破仑的后代。资产阶级在战争中的竞技因素在法西斯主义面前已经消失了。法西斯主义者把战略的基本理念提升到了绝对的高度：利用一个谋杀组织的领导者和其他国家的全部潜力之间的暂时差异。他们把这一思想运用到发明全面战争的逻辑结论中，并且消除了军工之间的区别，因此他们自己也消灭了战略。今天，它就像军乐队演奏的音乐和战舰上的绘画一样古老。希特勒通过集中恐怖统治世界。然而，他所使用的方法是没有战略意义的——在特定的地点集结压倒性的部队，正面突围，机械地包围被装甲长矛困住的敌人。这一原则，完全是定量的、实证的，没有任何惊奇，因此在任何地方都是“公开的”，并与公开相结合已经不够了。在经济资源上无限富裕的盟国，只需要击败德国人就能粉碎希特勒的战术。战争的迟钝和冷漠，有助于延长战争灾难的普遍失败主义，受失败主义的衰退的制约。当所有的行为都经过数学计算时，它们也呈现出一种愚蠢的性质。尽管有雷达和人工港口，这场战争的进行，就像一个小学生把国旗插在图表上一样，仿佛是对任何人都无法管理这个国家的想法的嘲弄。斯宾格勒在西方的衰落中看到了工程师黄金时代的希望。然而，即将出现的前景是技术本身的衰落。

71 假名问题

明显陈腐的意识形态所产生的磁力，可以用逻辑证据的客观衰减来解释，而不能用心理学来解释。事情发展到这样一个地步：谎言听起来像真理，真理听起来像谎言。每一个陈述，每一条新闻，每一个思想都是由文化产业的中心预先形成的。任何缺乏这种预先准备的熟悉痕迹的东西都缺乏可信性，这是因为公共舆论机构在发出信息的同时，还提供了一千个事实证据，以及全部权力所能掌握的所有可信之处。反对这些压力的真相不仅看起来不太可能，而且在与高度集中的传播机制的竞争中也太过软弱无力，无法取得任何进展。德国的极端情况对一般机制具有指导意义。当国家社会主义者开始实施酷刑时，他们不仅恐吓了德国国内外的人民，而且越不被揭露，恐怖就越猖狂。他们的行为令人难以置信，这使得人们很容易不相信任何人为了宝贵的和平而愿意相信的东西，同时又向它投降。战战兢兢的声音说服自己，这毕竟太夸张了：即使在战争爆发之后，关于集中营的细节也是英国媒体上不想要的。在开明的世界里，每一种恐怖都必然成为一个可怕的童话。因为真理的不真实有一个核心，它在无意识中找到一种热切的反应。这不仅是无意识希望恐怖发生；法西斯主义本身就不那么“意识形态化”，因为它公开宣称的统治原则，在其他地方是隐藏的。无论民主国家用何种人道主义价值观来反对它，它都可以毫不费力地予以驳斥，指出这些价值观并不代表整个人类，而仅仅是法西斯主义有勇气抛弃的虚幻形象。然而，在文明社会中，人们变得如此绝望，以至于一旦这个世界有义务承认它是多么邪恶的时候，他们就永远准备放弃他们脆弱而美好的品质。然而，如果反对派的政治力量本身不能作为破坏性力量被彻底消灭，他们就不得不不断地使用谎言。一个反对派与现有秩序的分歧越深，法西斯主义者就越容易将其归咎于谎言，而现有秩序至少为其提供了躲避更黑暗未来的避难所。现在只有绝对的谎言才有说真话的自由。真理和谎言的混淆，使人几乎不可能保持一种区别，而西西弗斯为了抓住最简单的知识而付出的努力，标志着在逻辑组织领域中战胜了那压在战斗原则之上的原则。谎言有很长的腿：他们走在时代的前面。真理的所有问题转化成权力的问题，这一过程真理本身如果不被权力消灭就无法逃脱的过程，这不仅抑制真理像在早期专制秩序中那样，而且攻击区别真假的核心，逻辑的受雇者是在任何情况下勤奋努力废除这一区别。所以希特勒，没有人能说他是死是逃，幸存了下来。

72　两次丰收

才能也许只不过是成功地升华了愤怒，这种能力能把一度强化到无法衡量的关键力量转化为耐心观察的专注，从而牢牢抓住一个陷入沉思、远离实际目标的人脸上所没有的、同样具有侵略性的特征的东西，而这些特征在其他方面实际发挥出来了。难道艺术家不觉得自己置身于创作的激流之中，被残酷地“疯狂地工作”吗？的确，这样的愤怒有必要把自己从监禁和监禁的愤怒中解放出来吗？难道不正是艺术的安抚性才被逼出了它的破坏性吗？

如今大多数人都是自讨苦吃。

有些事物如何与姿势产生联系，那么行为模式也就如何同心理产生联系。拖鞋的设计是不需要手的帮助就能穿进去，这个设计显然成了人们讨厌弯腰这一心态的标志。

在压抑社会中，自由与无礼是一回事，表现在青少年的冷漠姿态上，只要他们不出卖自己的劳动，他们可以对世界“毫不在乎”。为了表示他们不依赖任何人，也不欠任何人尊重，他们把手放在裤兜里。但他们的肘部向外伸出，随时准备攻击任何挡道的人。

德国人是那种如果自己不相信，就没办法说谎的人。

短语“Kommt überhaupt gar nicht in Frage”（完全不可能）可能在20世纪20年代在柏林开始使用，这可能已经是希特勒夺取权力的迹象。因为它假装私人意志，有时建立在物权基础上，但通常只是建立在侮辱的基础上，直接代表客观的需要，不允许有任何分歧。说到底，这是一个破产的谈判者拒绝向对方支付一分钱，因为他骄傲地意识到，自己再也得不到什么了。狡诈的律师的躲闪被明目张胆地夸大为英勇的替代品——坚不可破：篡夺的语言公式。这种虚张声势同样决定了国家社会主义的成败。

面包工厂的存在，把我们每天吃面包时的祈祷变成了一个隐喻和绝望的口实，比所有对耶稣生活的开明批判更强烈地反对基督教的可能性。

反犹太主义是关于犹太人的谣言。

德语的外来词是犹太人的语言。

一天晚上，在一种无助的悲伤情绪中，我发现自己使用了一个极其错误的虚拟语气动词，这个动词本身并不完全正确，它是我家乡方言的一部分。从我上学的头几年起，我就没有听到过这种可爱的误拼，更不用说用过了。忧郁把我不可抗拒地拉进童年的深渊，唤醒了它深处那古老的、无力的渴望之声。语言像回音一样回到我的身边，不快乐使我忘记了我是谁，这使我蒙羞。

《浮士德》的第二部分被斥为晦涩难懂，充满了讽喻意味，比《威廉·退尔》之外的任何戏剧都要多。文本的透明度和简洁性直接关系到它进入传统的能力。也许正是因为它难以理解，需要不断更新的解释，才使得一个句子或一件作品具有将其献给子孙后代的权威。

每一件艺术品都是未犯的罪行。

通过“风格”，最严格地与单纯的存在保持距离，同时最忠实地通过集体游行、面具和祭祀来保存对原始人鬼神学的记忆。

理查德·施特劳斯的《阿尔卑斯交响曲》中“日出”段落的乏味不仅源于它平淡无奇的音阶序列，还源于它的宏大音效。即使是在山上，也没有哪次日出是华丽的、凯旋的、宏伟的；每次日出都是微弱、黯淡的，就像一个一切都会好起来的愿望，然而正是这炽芒最不显眼的时刻，产生着无法比拟的动人力量。

女人在电话里的声音都能告诉我们她是否有吸引力。她的自信、自然的放松和自我关注，反映了她所受到的所有赞美和渴望的目光。

这表达了亲切的双重含义:感激和优雅。耳朵能感知眼睛所需要的,因为它们都以对单一的美的体验为饵料。这种美在第一次听到就会被记住:它就像是一句熟悉的引语,而它所引自的那本书你从来都不曾读过。

即使从最糟糕的梦中醒来也会令人感到失望,仿佛失去了生命中最美好的东西。用舒伯特的话来说,快乐和满足实际上和快乐的音乐一样少。即使是最美丽的梦,也有它与现实的不同之处,意识到它所赋予的只不过是幻觉。这就是为什么最美丽的梦也会枯萎的原因。这种印象在卡夫卡的《美国》中对俄克拉荷马自然剧场的描写中得到了淋漓尽致的体现。

幸福和真理遵循同一个原则:只缘身在此山中。事实上,幸福只不过是被裹在母亲子宫里的残像,因为这个原因,任何快乐的人都不知道他是快乐的。要想看到幸福,他必须从幸福中走出来,就像已经出生一样。说自己幸福的人是在说谎,而祈求幸福则违背了这一点。只有一个人信守诺言,他说:"我是幸福的。"意识与幸福的唯一关系是感激:感激中蕴藏着无与伦比的尊严。

对一个度假归来的孩子来说,家就像一个崭新的节日。然而,自从他离开后,那里什么都没有改变。只是因为现在已经忘记了责任,每一件家具、窗户、灯,否则都是一种提醒,这所房子才在这个安息日恢复了安宁。有几分钟,人们在一个由房间、角落和走廊组成的永不返回的世界里感到了家的感觉,在某种程度上使那里的余生变成了一个谎言。总有一天,当世界不再受劳动法则的支配,当回家的人的责任具有假日游玩的轻松愉快时,世界也会以不变的面貌出现在它那永恒的节日之光中。

我们再也不能采摘花朵来装饰我们的爱人了——这是一种通过自由地承担它对他人的错误来为一个人赎罪的祭品——采摘花朵已经变成了一种邪恶。它只会通过修复自己来让暂时的东西永久化。没有什么比这更具有毁灭性的了:没有香味的花束,制度化的记忆,通过保存它的行为,扼杀了仍然存留的东西。转瞬即逝的瞬间可以活在健忘的低语中，那道光芒总有一天会照耀到光明；我们想拥有的那一刻已经失去了。孩子在母亲的命令下挣扎着回家的那些华丽的花朵，可能会像六十年前的人造花朵一样被粘在镜子后面，最终它们会成为贪婪地捕捉到的假日快照，在这些照片中，到处都是那些什么也没看见的人，他们抓着一些东西作为纪念品，这些东西消失得无影无踪。如醉如痴地送花的人，会本能地追求那些看起来必死的花。

我们能有现在的生活要归功于晚期资本主义的经济框架与其政治假象之间的差异。对理论批评来说，这种差异微不足道：假设出来的公众舆论和经济在实际决策中所具有的首要地位，证明这些是假的简直易如反掌。然而，对大多数人来说，遮在他们面前的薄纱是整个存在的基础。相反，那些思想和行动发生变化的人，只依赖于必不可少的东西，而他们的存在却依赖于无关紧要的幻觉；事实上，通过历史发展的宏大规律来衡量，那只不过是偶然的。但本质和表象的整个结构不也因此受到了影响吗？从概念来衡量个体，的确已如黑格尔哲学所预期的那样，个体成为了虚无：但被认作亚种的个别化是绝对的偶然性，被容许作为一种似乎不正常的状态而持续存在，它本身就是本质。这个世界是系统化的恐怖，因此，如果把它完全看成一个系统，那就太抬举这个世界了；因为统一世界的原则是分裂，它通过不损害一般与特殊的不可调和性来调和它们。世界的本质是可憎的，但是它的表象，它所坚持的谎言，却是真理的化身。

73 偏　　差

工人运动的追随者表现出越来越强烈的乐观精神，这证明了运动在趋于衰落。同时，这也证明了资本主义世界不可动摇的坚固性。工人运动的创始人从未感到胜券在握，所以，更不必说工人组织要面对的悲惨命运了。今天，当敌人对大众意识的掌控力显著增强时，再想让大众意识不动如山已然是保守的了。将对资产阶级和无产阶级的批评结合起来的方法引人生疑，而对无产阶级的批评看起来只是对资本主义发展的反思，一旦超过了阶级的界限，思维的消极因素就会蠢蠢欲动。威廉一世的箴言“换作是我，也容忍不了耶利米”已经在他试图镇压的那个阶层里广为流传。谁要是说德国工人缺少自发的反抗，那么就会另有人告诉他，在这样一个死脑筋的国家里，反抗是不可能的。谁不在可怜的空袭受害者名单里——这些受害者却并不反对对其他国家采取空袭——谁就无法开口，何况罗马尼亚和南斯拉夫的土地改革已迫在眉睫。对于社会惨剧必将终结的理性期待越是衰弱，听天由命的心就越是虔诚：民众、团结、党、阶级斗争，这些词汇像咒语一样在可怜的人嘴里反复念叨着。在政治经济学的批评中，左翼分子不再相信任何观念，他们在报纸上大力鼓吹自己已经战胜了修正主义，却又什么答案都没给，而且他们的说法总是朝令夕改。这些忠实的党徒有着媲美音乐家的敏锐听觉，谁要是对他们的口号发出了哪怕一丁点的嘀咕，都会迅速传到他们的耳朵里。在全世界的爱国主义行动中，都能找到山呼万岁的例子。坚定的信徒必须宣誓效忠人民，无论具体效忠的是人民中的哪一位。但是，把人与人的共同命运作为行动纲领，将社会从自然的强制中解放出来，却被人民这个教条概念否定了。

这种狂热的乐观精神是对实现未来更好生活的曲解，他们已经等不及了。对技术状况的信任让人们感到改变世界已经刻不容缓、触手可及。需要长期观察、耐心引导公众的概念遭到怀疑，被认为是抛弃了目的。乐观精神无惧死亡，表现出一种自律的意志。“左”只是壳子，人们相信组织的力量与伟大，排斥个人行动，事实上，这就下了可怕的结论，当自发性不再可能，红军便获得最终的胜利。他们坚持说人民必须相信一切都会变好的，并把所有异见分子变为投降派和逃兵。读井底之蛙的童话曾给人们带来很大乐趣，目前它却成了一种侮辱人的故事。因为在今天，放弃乌托邦和实现乌托邦看起来没什么差别，就像反基督者和圣灵看起来也是一样，听故事的人成了故事的主角。左翼的乐观精神像极了狡猾的资产阶级的迷信，他们认为凡事不要往坏处想，多想想积极的一面。“现实令人不满，就改造它”，这是社会主义现实主义的流行语。

74 长毛象

许多年前，在美国的报纸上刊登过这样一则消息，说在犹他州发现了一只保存完好的恐龙。消息强调，这个样本是该种族仅存的一只，而且比以往发现的恐龙种类要晚近几百万年。这类消息和尼斯湖水怪还有电影《金刚》一样令人生恶，它们统统是怪物般的总体国家集体规划下的产物。人们习惯于在看到熟悉的巨大形象时感到恐怖，这个感受是荒诞的，它贬低人性，并且用以万物为刍狗的体验使人性同化。但这可解释不了为什么人们会去想象这些仍然存活在地球上的史前生物，哪怕它们早已灭绝了几百万年。想象这些动物还活着，其实是希望古代生物能从人类制造的错误中幸存下来，或是它们，或是人类自己，能够进化成一个更好的种族。建立动物园就是源于这种期待，其展示形式为诺亚方舟式的。从一开始，资产阶级就在等待一场大洪水。动物园的娱乐性和教育性是一个障眼法，它是关于种族的寓言，在大洪水中，逃难的成对动物让种族成了种族。这也是为什么欧洲大城市里动物园的动物数量过载成了一种堕落的标志：超过两头大象、两头长颈鹿、一头犀牛。哈根贝克* 的设计也强不到哪里去，他用栅栏代替笼子，这就违背了方舟的原则，转而去模仿亚拉拉特山的拯救模式。他们进一步通过目光可及的边界，拒绝了动物的自由。相似的情况是植物

* 哈根贝克（Karl Hagenbeck，1844—1913），1907 年在汉堡附近创建开放式动物园的动物贩子。

园之于棕榈庭院。文明越是有能力保护和转移自然，就越能控制自然。我们现在甚至能管理更大片的自然保护区，让人类不能进入，因为选择并驯化某些物种目前仍有些难度。老虎在笼子里踱来踱去，不安地高耸着脊梁，看起来有那么点像个忧郁的人，狭小的空间让它无法跳跃嬉戏。布雷姆*的《动物生活》一书的美感在于让读者感到是隔着栏杆在观赏这些动物，但其实作者表示他是在野外遇到它们的。动物在开放环境中比在笼子里自由，这一事实证明，哈根贝克确实在人性上前进了一大步，但也反映出，被囚禁是动物无法避免的命运。这是历史的结果。在本真的意义上，动物园是19世纪殖民主义的产物，它兴起的标志是对非洲和中亚荒凉地带的开发，那里的人把动物当作礼物送给殖民者。这些礼物的价值取决于它们的异域特点和稀缺度。技术的发展终结了这一切。驯狮和驯马一样，都要牢牢控制住它们的生育。千禧年这都还没来呢。现在只有在文明的非理性区域，在遗迹的角落和缝隙里，在动物园的墙壁、高塔和堡垒这些多余的地方，自然才被保存下来。文化与自然相结合而实现的理性化吸纳了自然，然后用文化的和解法则消除了自然差异。

---

* 布雷姆(Alfred Brehm，1829—1884)，19世纪后期杰出的动物学家和探险家。

75 冷冰冰的招待

舒伯特对浪漫主义的不抱幻想,凝缩在“我的梦早已枯朽”这句歌词之中*。这首歌描绘了墓园旁边的一家客栈,死尸的僵无生气,揭示了悠闲的生活不过是梦一场。店家与顾客的关系被下了咒。客人总是匆匆忙忙,情愿帽子也不脱。他们坐在一点也不舒服的座椅上,服务员把账单塞到他们眼皮子底下,后面还排着长队,道德压力驱使他们赶紧吃完滚蛋。而老板再也不是他本人,而是他自己的一个雇员。也许客栈衰落缘起于客栈与青楼的分离,每当顾客向女招待暗送秋波,那女孩又调皮地钩钩手指时,他都一定会怀念起那个逝去的时代。但现如今,曾经是流通领域最令人尊敬的旅店生意被去除掉最后一抹暧昧的滋味,没有了床笫之间的故事,事情就越来越糟糕了。逐渐,而且常常是出于不可抗的原因,方法摧毁了目的。劳动分工和自动化机械系统,导致没人直接在乎顾客的感受。表达想法之后,再也没有人能期待得到什么好的推荐。服务员根本不知道餐单上有些什么,如果他主动给出了个人建议,立刻就得准备接受指摘,因为他越线了。如果某桌的服务员正在忙,不管顾客要等多久的菜,其他人也不会帮忙去催单。这种对制度的服从在监狱中达到顶峰,就像早先在医务室里,主体被当作客体来进行管理。从酒店的仇恨漩涡中,饭店脱离出来,设有不住人的包间,专门用来对付进餐时间限制和令人讨厌的客房服务。不然,人们可

* 选自歌曲《冬之旅》中的一首《驿站》。

以去杂货店，会有一个冷淡的骗子在那儿买煎蛋、培根和冰激凌，这也勉强能算是最后一位热情的店主了。而在酒店里，服务员们只把责任推来推去，把你引去另一个柜台解决问题，结果通常那边都关着门。把这种反对声音说成仅仅是怀旧者抱怨的态度是完全站不住脚的。就算是洗个澡都要走一段楼梯，大半夜被叫醒，告诉你洗澡水终于烧好了，谁会因此就不喜欢住在诸如布拉格的蓝色星辰酒店和萨尔茨堡的维也纳大酒店？越是希望凡事唾手可得，进步就越是可疑，变成了拜物教的一次得不偿失的胜利。有时进步变得令人厌恶，以至于不得不重建劳动的功能，即使只是象征性的，因为进步所使用的那种汲汲营营也已经不管用了。这种现象给了女主人机会，一个人造的老板娘。正如在事实上她什么也不关心，也没有能力重组分裂的事物，无法组装那些冰冷的设备，而只是表达空洞的欢迎，进行人事管理，看起来就像是风韵犹存的豆腐西施。她存在的目的就是照料曾经由老板负责的事情。她亲切的问候就是吹牛者尊严的反面。

76 晚　　宴

今日，通过技术可能性的观念，我们能看到进步与退步有多么难舍难分。再生产的机械过程与它生产出的产品无关，发展成为一个独立部门。这个结果被认为是一项进步，未参与该过程的就被看成是保守的和古怪的。这种看法被推崇备至，因为一旦人们造出了超级机器却不用，超级机器就成了一项坏投资，那可太可怕了。既然在自由主义看来，生产商品就是为了销售，技术发展关心的就是这件事。但商品也被造就成了外在于商品的破坏者，客观上适宜的市场需求葬送在商品的互斥中。消费者购买新品的强烈愿望导致对产品本身的忽视，结果产生了积压的垃圾和可预见的蠢行，还常常把复古范当成是翻新的时髦。与技术进步相伴而生的，是狭隘地决定再也不买任何不需要的产品，紧跟技术进步的步伐，也不考虑这些产品生产出来的目的是什么。凡是在某种程度上符合理性需求的东西，人们就盲目跟风。而且他们对三个月前上映的电影和对前卫的现代音乐的厌恶程度旗鼓相当，但如果是最近上映的电影，就算跟三个月前的那部剧情一模一样，他们也会趋之若鹜。大众社会的消费者必须立刻上电视，他们什么都不甘人后。19 世纪的行家们去看一部歌剧总是看完一幕就走，这部分是因为他们不允许精彩演出来缩短他们的晚宴。这种野蛮主义行径有了新进展，翘掉演出去参加宴会的可能性现在是零，所以这些道学家再也不能为自己的野蛮找到文化的借口。他们不得不看完每一个节目，读完每本畅销书，去参加每部电影的首映礼。超级丰富的商品多样性变成了一场灾难。找准方向越来越不可能，就像在一个大酒店里，客人需要向导一样，挤在琳琅满目的货物间的人们需要一个文化领导者。

77 拍 卖

技术发展消灭了奢侈，但并不是通过揭穿特权，而是在提高日常生活标准的同时，又让人不能从这种提升中获得满足。行程三天两夜的洲际特快列车是个奇迹，但这个奇迹中并不能让乘客体会到“蓝皮火车”所拥有过的那种已经逝去的魅力。旅行的诱惑表现为一开始是月台上的依依惜别，然后是对信笺的心心念念，和每次进餐的仪式感。还有那些在出发前常沿着月台散步的优雅的人们，现在即使在最负盛名的酒店大堂里也找不到了。发车后车厢踏板必须收回，这意味着即使是在最昂贵的特快列车上，乘客也必须像囚犯一样遵守列车公司的规定。当然，他得到了与票价严丝合缝的价值，但服务样样都符合经过研究证明的平均需求。难道知道了这种情况，他就可以一如往常，和情人来一场从巴黎到尼斯的说走就走的旅行吗？人们无法摆脱这样的怀疑：即便是不合常规、大肆自卖自夸的奢侈品，也掺杂着越来越多逢场作秀的成分。这意味着，就像凡勃仑的理论所说，奢侈品允许富人向自己和他人炫耀地位，而不是满足自己的需求。而且无论如何，富人们的需求正变得越来越接近。毫无疑问，凯迪拉克比雪佛兰贵多了，但与老劳斯莱斯相比不同之处在于，凯迪拉克贵在整个设计上，它配备着更优秀的汽缸、螺栓和配件，而雪佛兰则是配置稍差的版本，两者在大批量生产的产品的基本模式上没有任何改变，只需要在生产中进行微小的调整，就可以把雪佛兰变成凯迪拉克。所以奢侈品衰落了，因为在普遍的可替代性中，幸福毫无例外在于其中的不可替代性。没有任何人道努力，也没有任何形式推理，可以证明独乐乐不如众乐乐。质性法则的乌托邦——由于独一无二而不能被普遍的交换关系所吸收的事物——在资本主义下以拜物教的特性作为避难所。奢侈品带来的快乐，反过来又预设了特权、经济不平等和一个基于可替代性的社会。于是定性本身就变成了一个定量的特例，不可替代的变成了可替代的，奢侈变成了安慰，最后变成了毫无意义的小玩意。即使没有社会大众化趋势，这种恶性循环也会使奢侈终结，并导致大众社会的反对者对社会大众化趋势义愤填膺。奢侈的内在结构也受到了无用之物完全融入有用领域的影响，它让即使是质量最好的物品，看起来也已经像垃圾了。富人家中堆满了贵重物品，他们绝望地呼喊着要博物馆；但在瓦莱里看来，博物馆中的雕塑和绘画已经丧失了意义，只有建筑，这雕塑和绘画之母，展示了艺术品应有的位置。在那些与其无关之人的屋子里，这些艺术品被强行保管，这是对私人财产现行生存方式的公然蔑视。如果说有理由让百万富翁们带着这些古董参加第一次世界大战的话，那就是因为这些古董使资产阶级的家园成了一场梦——一个噩梦——而又没有解除这场梦，后来的中国风家具吸引来的那些郁郁寡欢的私人购买者，他们只在被奢侈品遮挡住的光线和空气中才能感到自在。既现代又实用的奢侈品是一种矛盾，它可能只是为好莱坞雇来做室内装饰的冒牌俄国王子提供生计。高级趣味的线条总是表现为禁欲的。孩子们读着《天方夜谭》，陶醉于那些红宝石和翡翠之中，不明白为什么拥有这些宝石会使人如此欣喜若狂。毕竟，这些石头并不是交换的手段，而是一种宝藏。这个问题涉及启蒙运动的全部辩证法。这既是合理的，也是不合理的：承认偶像化也是合理的；违背自己的目标是不合理的，这种目标只有在不需要任何权威，甚至不需要任何意图的情况下才存在：没有拜物教就没有幸福。然而，渐渐地，这个孩子所怀疑的问题已经蔓延到每一种奢侈品上，甚至赤裸裸的感官享受也不能成为反对它的证据。在美学的眼光里，审美是站在无功利的一边的，但是当它与目的性粗暴地分离时，它就变成了反审美的，因为它表达的是暴力：奢侈变成了野蛮。最后，它被单调乏味的工作所吞噬，或者被保存在漫画中。在恐怖中仍然繁荣的美本身就是一种嘲弄和丑陋。然而，它短暂的形状证明了恐怖是可以避免的。这种悖论的某些方面对所有艺术来说都属于基本的精神层面；今天看来，艺术仍然存在。被束缚的审美观念必须立即、竭力去拒绝幸福，并坚持它的可能。

78　越过山丘

《白雪公主》比任何其他童话故事都更完美地表达了忧郁的心情。代表这种心情的纯净意象，是女王透过窗户向外望雪，希望白雪公主没出生过就好了。她看到的是雪花毫无生气的美，是窗框的黑色哀悼和流血的疼痛。大圆满的结局并没有改变这种心情。她若成就心愿便是死，所以得救不过是幻影。因为更深层次的知识不能使人相信白雪公主被唤醒了，她躺在玻璃棺材里仿佛在睡觉。难道不是从她喉咙里的毒苹果咬痕，而是一种谋杀手段，是她的余生被放逐了，直到现在，她才真正恢复了生命，因为她不再被虚假的使者所引诱？幸福听起来是多么不够："白雪公主感到王子很好，就和他一起走了。"邪恶战胜了邪恶。这是多么令人厌恶。所以，当我们期待着节日到来时，一个声音告诉我们，希望是徒劳的，但它是无能为力的希望，这让我们又可以喘一口气。所有的沉思都只能在不断变化的格局中耐心地追寻忧郁的模糊性。真理与一种虚幻的信念是分不开的，那就是不管怎样，总有一天我们会从虚幻的形象中会得到真正的解脱。

79　知识分子的献祭

假设认为思想得益于情感的退场，或者甚至认为思想始终不受情绪影响，这种表达本身就反映了社会分工对人的制约，它会边制约边实现自己从人身上抽离出的社会任务。通过相互作用而发展起来的官能，一旦彼此分离就会萎缩。尼采的格言，“一个人性欲的强烈程度和类型会延伸到他精神的最高境界”，这句话不能仅仅从心理上去理解。因为即使是最遥远的物化也受到性冲动的滋养，思想在性冲动中破坏了它自身存在的条件。难道记忆和爱情不是结合在一起的吗？爱情是为了记住必逝的事物。欲望所产生的每一种幻想，在取代存在的一切元素时，不是都能超越它而不被背叛吗？对所感知的事物的恐惧或渴望，难道不是最简单的感知吗？诚然，随着世界的客观化，知识的客观意义逐渐地与潜在的冲动分离了；同样正确的是，当知识对象化的努力仍然受到欲望的支配时，它就会崩溃。但是，如果冲动不能立即保存下来，并在摆脱了冲动支配的思想中得到超越，那么就根本没有知识，那种扼杀了产生冲动的愿望的思想将被愚蠢的报复所取代。记忆被认为是不可预测的、不可靠的、非理性的。由此产生的智力哮喘，在意识的历史维度的瓦解中被削弱，直接导致了统觉的退化，康德认为，这种统觉不能脱离“想象中的再生产”和回忆。今天，幻想作为一种幼稚的、不明智的雏形被放逐到无意识的领域，被知识所禁止，而只有幻想才能在事物之间建立起一种关系，这种关系是一切判断的不可取消的源泉。但是社会控制阉割了感知能力，剥夺了任何可预期的欲望，从而迫使人们无助地重复已知的东西。当感官什么都感觉不到的时候,知识也就完了。正如在自主生产过程的主导性下,理性目的逐渐减少到陷入对自身和外部力量的拜物教一样,理性本身也被降格为一种工具,并被它的工作人员所同化,而这些工作人员的思维力量只是为了停止思维。一旦情感的最后一丝痕迹被消除,思想就只剩下绝对的同义反复。那些完全丧失了"即使没有对象也能思考"的能力的人,他们完全纯粹的理性与无意识可以说就是弱智。与一种不受任何范畴限制的、不切实际的现实主义理想相比较,所有的知识都是假的,只有在不涉及真理与谬误问题的时候知识才是真的。在科学活动的每一个转折点上,我们都可以看到这种趋势是多么的超前。科学活动正将世界最后残余的、毫无防御能力的废墟置于它的枷锁之下。

80 诊　断

国家社会主义诬蔑魏玛共和国建立起的是一个松散的制度，而现在世界已经全然变成了这种制度，这在宪法和人民之间预先建立的和谐中是显而易见的。有一种人已经秘密地长大了，他们渴望被荒谬的持续统治施以强迫和限制。然而，这些人在客观的社会框架的帮助和教唆下，一定程度上履行了那些违反预定和谐的不和谐职能。有一种说法是"压力产生反作用力"，但如果压力足够大，后者就会消失，所以社会似乎有意通过消除紧张局势，为熵做出值得注意的贡献。科学行业的思想照猫画虎，他们不再需要为了自我监督而对自己施加任何暴力。即使他们在自己的圈子以外表现得相当活跃和理智，但一旦开始专业思考，他们就会变得又蠢又呆。但是，这些候选人和所有科学家都是这个职位的候选人，他们发现不思考也没啥坏处，于是松了一口气。由于思考给他们带来了主观责任，而他们在生产过程中的客观地位又不允许他们承担这种责任，所以他们放弃了，跑去参加社交活动。对不假思索的厌恶变成了对它的无能为力：当头脑简单到破坏知识的程度时，那些能够毫不费力地发现最复杂的统计反对意见的人，也无法做出最简单的预测。他们猛烈抨击投机，却在投机中扼杀了常识。越聪明的人越怀疑自己的智力有问题，因为智力问题最初并不是普遍存在的，而是出现在他们出售服务的器官中。许多人在恐惧和羞愧中等待他们的短智缺点被发现。但他们又认为，这是一项受到公开称赞的美德，这是一种科学禁欲主义，而对他们来说这只是其弱点的隐秘轮廓。他们的抵触情绪被社会合理化了,因为人们都觉得思维不是科学。与此同时,社会控制机制在很多方面又大大增强了他们的精神力量。技术人员的集体愚蠢不仅是智力的缺失或退化,而且是思维能力本身在扩散,因为思维能力本身在自我消耗。青年知识分子的受虐狂倾向源于他们的恶性病。

81 小大之辩

从经济规划领域到理论领域的灾难性转变之一，是经济规划人员相信在智力工作中，可以根据某个职业的必要性和合理化的程度来进行管理，而理论领域也顺藤摸瓜地按照急迫程度给各个问题排定了次序。但是，剥夺了思想的自发性，就等于否定了它的必然性，将其简化为可替换的配置。正如在战争经济中，原材料的分配、生产这种或那种武器的优先次序是人为决定的一样，等级制度正在逐渐理论化，这种理论倾向于特定的主题，歧视任何无关紧要的东西，把这些当作基本事实的装饰性技巧而糊弄过去。相关性的概念是由组织的考虑所决定的，即以当前最强大的客观趋势来衡量的局部性。这种划分为重要的和附属的类别的模式，遵循了关于形式普遍性的价值尺度，即使在内容上与之相矛盾。在强调社会进步的哲学中，从培根和笛卡尔的著作开始，就表现出对重要事物的崇拜。然而，这种崇拜最终显示出一种不自由、倒退的特质。通过遛狗，我们能看到重要事物是怎么一回事。那只狗停在某个无法解释的地方，紧张、倔强、极度不快地嗅来嗅去，然后放松下来，用脚刨地，无忧无虑地小跑起来。在古代，生死可能就取决于这些无法解释的时刻；经过几千年的驯化，它们已经成为一种不真实的仪式。当观察某个严肃的委员会权衡其问题的紧迫性时，可以提醒他们，然后再将这些经过仔细定义和时间安排的任务交给同事关注。这种不合时宜的固执是十分重要的，它把一种痴迷的执着和一种自我反省的丧失强加于思维上。宏大主题只不过是原始的声音，它会让动物停下来,试图把它们再一次带出来。这并不意味着重要性的层次结构应该被忽略。它既反映了制度的狭隘,也充满了碎布条的力量和坚韧。然而,思想不应该重复这种等级制度,而应该通过完成它来结束它。把世界划分为重要和不重要的问题,一向是为了消除社会不公正,使其成为纯粹的例外,这种做法应该继续下去,直到被证明也是不真实的。使一切事物成为对象的划分本身必须成为思想的对象。宏大主题依然会出现,尽管不是传统的"主题",而是折射和偏离中心的。数量的野蛮性是哲学早期与管理人员和数学家结盟的遗产:任何不带有膨胀的、世界历史的喧嚣印记的东西,都被移交给实证科学。在这一点上,哲学的表现就像拙劣的绘画,把一件作品的庄严和声誉取决于主题的严肃性;一张莱比锡战役的照片比一张斜透视的椅子更有价值。概念中介和艺术中介之间的区别并没有改变这种糟糕的天真。如果抽象过程把思想转化为伟大的假象,那么在它与思想的距离中,也就包藏着思想的解毒剂:理性的自我批判是它最真实的道德。相反,在最近的自律思想阶段,只不过是废除了这个问题。根据主题的重要性进行判断的理论工作姿态,忽视了理论工作者的存在。不断降低的技术难度使他有办法应付每一项具体的任务。然而,思维的主观性恰恰不能处理强加的一系列杂务:思维只有在不主动完成这些任务的意义上才足以满足这些任务,因此主观性的存在是任何客观有限真理的先决条件。实证的态度是傲慢的,它牺牲了对真理的主观认识,同时又伤害了真理的客观性。

82 保持距离

实证主义减少了对现实的思考，现实本身不再承担哲学思考的责任。由于害怕成为表象事实的一个暂时缩写，思想不仅在现实面前失去了它的名，而且失去了穿透现实的力量。只有从生活中脱离出来，精神生活才能存在，才能真正参与到经验中来。思想是通过批判事实和运动来联系事实和运动的，但它的运行同样依赖于保持距离。它准确地表达了“是”，因为“是”从来就不像思想所表达的那样。它的本质是一种对事物过分夸大的成分，一种脱离事实的自我超脱，这样一来，它就不仅能再现存在，而且还能严格而自由地确定存在。因此，每一种思想都类似于游戏，黑格尔和尼采都把游戏来比作思想的工作。哲学的野蛮一面是它纵容不负责任的存在，纵容从思想的反复无常中产生的快乐，而思想的反复无常永远逃不过哲学的判断。这种放纵被实证主义精神所憎恨，并被归结为精神失常，在他们看来，背离事实是纯粹的错误，在知识分子必须以秒为单位来解释世界的时代，这么闹着玩是奢侈。但是，一旦思想抛弃了与事实的距离，并试图用成千个琐碎的论据来论争思想的字面正确性，就会一败涂地。如果思想抛弃了虚拟的媒介，抛弃了任何单一的现实都不能完全实现的预期；简而言之，如果思想不寻求解释而仅仅是陈述，那么被陈述的一切事实都是不真实的。思想的道歉不是出于真心，它故意通过逐步展示非同一性来反对非同一性。另一方面，如果思想试图把距离视为一种特权，事情只会变得更糟，那它就是要宣布存在两种真理，即事实的真理和思想的真理，那将是既歪曲了事实，也贬低了思想。距离不是安全区，而是紧张的领域。保持距离不是说可以放松对真理的探索，而是因为思维总是微妙又脆弱。与实证主义相对，既不坚持正确，也不摆架子，而是通过对知识的批判，证明理念与实现理念的事物之间不可能有巧合，这是不恰当的。把非同义事物等同起来的激情，并不是最终获得救赎的不断奋斗的艰辛，而是天真和缺乏经验。思想一千次地认识和忘记实证主义的责难，只有通过这种认识和忘记，它才成为思想。思想与现实的距离本身就是历史观念的沉淀。毫无距离地使用它们，不管它意味着什么，或者也许正因为它，是一个孩子的事情。思想必须超越它的目标，因为它从来没有完全达到它，而实证主义对它这样做的信心是没有批判性的，想象它的背弃仅仅是出于良心。超越的思想更多地考虑到自身的不足，而不是受科学控制机制的引导。它通过对“过”的过度运用，顺理成章地推断出了“不及”这一不可避免的事实，尽管这一事实是无可救药的。哲学所批判的不合理的专制主义，其所谓的决定性的思想烙印，正是从相对性的深渊中产生的。思辨形而上学的夸大是反映理性的伤痕，而未经证实的形而上学则是重言式的证明。与此相反，相对论的直接前提，即无论在它所划分的任何概念范围内，都保持着谦虚的态度，因为它非常谨慎地对待它的限度的经验，从而否定了它自己。因此，相对主义者是真正的——坏的——绝对主义者，而且是资产阶级，他们需要把自己的知识当作一种财产来掌握，结果却把它完全失掉了。对绝对的要求，只要超越它自己的影子，就能公正地对待相对的东西。通过接受不真实本身，它通向真理的门槛，在其具体意识到人类知识的条件性。

83 副总裁

给知识分子一个忠告：别让任何人代表你。所有的服务和人都是可替代的，由此产生的假象是，一件事给谁干都行，现有的秩序已证明，这是一种束缚。如果没有可撤销性和对普通民众的责任原则的支持，平等主义的可替换性理想就是一种欺骗。最有权力的人是那些自己不干活，却让别人负担最多的人。这看起来像是集体主义，但实际上只是一种优越感，一种把控制他人的权力排除在工作之外的感觉。诚然，在物质生产中，可替换性是有客观依据的。工作流程的量化会缩小总经理和油泵服务员在职责上的差异。这是一种卑鄙的意识形态，它假定在目前的条件下，经营一家信托公司比看懂机器压力计需要更多的头脑、经验和培训。这种意识形态在物质生产中顽固地坚持着自己的立场，而智力活动则处于相反的状态。这是已经完蛋了的普遍文化论调，它强调在学术共和国中人人平等，不仅每个人是自己的监督者，而且应该使每个人都有能力把别人的工作做得同样好。商品交换作用于事物的过程，就是可替换性作用于思想的过程。不可通约的就淘汰掉。但是，思想的首要任务是批判由于交换关系而产生的包罗万象的可通约性，这种可通约性构成了反对生产力的生产的理智关系。在物质领域，可替换性是已经可能的，而不可替换性是防止它的借口；在理论领域，这种可替换性使这一机制得以自我传播，而理论本来应该看透这种交换条件。仅仅是不可替换性就能阻止思想融入就业队伍。显而易见，每一项智力成就都应该由一个组织中每一位合格的成员来完成，这一要求使得最狭隘的学术技术人员也成为衡量智力的标准:这个人从哪里找到了评价自己技术水平的能力?因此,经济发展带来了全体拉平的时代,却愤怒地贼喊抓贼。在个性灭亡的时代,必须重新提出个性的问题。就像所有的个人主义的生产过程一样。当个体已经落后于技术状态,在历史上已经过时了,个体成了真理的保管者,就像被谴责的胜利者一样。因为只有个人以一种扭曲的形式保留着一种使一切技术合法化的痕迹,而后者却蒙蔽了它自己。由于无节制的进步与人类的进步没有直接的同一性,因此它的对立面可以给真正的进步提供庇护。一支铅笔和一块橡皮比一群助手更有用。那些既不完全献身于智力生产的个人主义,也不准备一头扎进平等主义和具有可替换性的集体主义,并对集体主义一直抱有蔑视的人,必须依靠自由的合作团结起来,并承担起责任。为各种企业出谋划策的家伙,最终都是为他人做嫁衣。

84 时间表

知识分子的生活方式和资产阶级的生活方式有一个最显著的不同之处，那就是知识分子无法区分开工作和娱乐。如果只是为了讨生活，工作不需要让主体和他者有罪恶感，即使在绝望的努力中，也让他们感到工作是一种快乐。工作的自由，和资产阶级社会专为消遣而保留的自由是一样的，并且在严格的管理体系中，自由立刻就被废除了。反之，凡是懂得自由的人，就会发现这个社会所能允许的一切娱乐活动都是不能忍受的，他的工作是唯一合适的娱乐。资产阶级把不工作的时光捧成了“文化”生活。该干活的时候干活，该玩的时候玩——这是自律的基本原则。对于那些认为孩子应该把好成绩带回家是一件事关声望的事情的父母来说，他们最不愿意让孩子在晚上读太长时间的书，也不愿意让孩子在智力上过度劳累。他们的愚蠢显示了他们这个阶层的天才。自亚里士多德以来就反复灌输一种学说，认为适度是一种智者的美德，这种观点试图牢固地将人按照社会功能分别划分成各种群体，这些功能互相没有交集，并相互提醒着人各有别。但人们无法想象出一个坐在办公室里的尼采，秘书在接待室的办公桌前里守着电话，到五点钟下班后，尼采就去打高尔夫球。只有巧妙地将快乐和工作交织在一起，才能在社会压力下留下真实的体验。这种体验如今却越来越难以容忍。即使是所谓的知识分子职业，由于与商业越来越相似，也被剥夺了工作中所有的快乐。原子化不仅发生在人与人之间，而且发生在每一个人的内部，发生在人的生活中。工作不可能让人获得满足，否则在总体目标上，工作的目的就不谦虚。消遣的时候也不允许出现思想的火花，不然就会侵入工作的领域。虽然工作和娱乐在结构上越来越相似，但与此同时，它们却被无形的界限划分得越来越严格。快乐和理智都同样地从两者中被驱逐出去了。在工作和消遣时，只有面无表情的严肃和虚假的活动。

85 达　　标

对于那些所谓的唯利是图之人来说，跟他打交道的人不是朋友就是敌人。他的分辨依据是这些人与他的利益有多大的契合度，他从一开始就把打交道的人归结为如下对象：有些是可利用的，有些则是障碍。来自对象的每一种不同意见都出现在由预先决定的目的所提供的坐标系上，呈现为令人厌烦的抵抗、破坏或阴谋。没有目的，实干家就会不知所措。尽管双方可能都是为了各自最基本的利益，一旦达成协议，互相的行动都变成了支持、联盟的证据。因此，与他人关系的贫乏就开始了：把他人看作是利益共同体而不是本身功能的能力就会衰退，而最重要的是，通过吸收矛盾而自我扬弃的可能性也会萎缩。人们被一种对人的点评重新定义，对这些人来说，好人只是做恶较少的人，恶贯满盈者也不是做恶最多的人。然而这种行政管理和“人事政策”式的反应方式，依据的是它自身的原则，而且比任何关于政治意志或介入式教育都更趋近于法西斯主义。任何曾经通过他人是否跟自己关心同一件事来对人进行判断的人，都必然会通过技术手段，把对方判断为局内人或是局外人、同党或异己、同谋者或受害者。捆住、身体检查、催眠、凝视是所有用恐怖进行领导的人的常用手段，这一模式被面试经理所沿用，他会让接受面试的人先坐下，他的眼神像是把对方看了个透亮，一下子区分出了该面试者身上哪里有用哪里没用。最后一个阶段是体检，来看看他的工作能力和偿还债务能力。《新约》中的“不敌挡我们的，就是帮助我们的”这句话，暴露了几个世纪以来反犹主义的核心。

统治的一个基本特征也是如此,任何不认同统治的人,都是敌人:天主教在希腊语中是拉丁整体的意思,这并非偶然,国家社会主义者已经认识到这一点。这意味着,所有与自己不同的东西,都是平等的,无论它们只是有些偏离,或是完全属于不同的族类。在这方面,民族社会主义已经达到了历史自觉:卡尔·施密特将政治的本质定义为朋友和敌人。这种意识的进步使其自身回归到孩子的行为模式,孩子要么喜欢某样东西,要么害怕。对敌友关系的先验还原是人类学的原始现象之一。自由不是在黑人和白人之间做出选择,而是放弃这种既定的选择。

86 小汉斯*

知识分子，特别是有哲学倾向的知识分子，与现实生活是隔绝的，对现实生活的反感使他去关心所谓的精神上的东西。但物质实践不仅是他存在的前提，也是他批判世界的基础。如果他对这个基础一窍不通，他就是在信口开河。他面临着选择，是直面其讨厌的对象，还是背过身去不看。如果他选择前者，他就得对自己施暴，抑制自己的冲动，此外，他还冒着与现状同流合污的风险，因为经济学不是闹着玩就能搞懂的，仅仅为了理解经济学，人们就必须“从经济角度思考”。然而，如果他不做买卖，他就把自己的头脑假定为具有绝对性，而绝对的理智只有通过与经济现实的接触和抽象的交换关系才能形成，只有通过反思自身的条件，理智才能成为理智。因此，知识分子就被引诱去用空洞的、不相干的反思代替事物。在公共文化产业中，知识产品被赋予了重要地位，这种地位是天真的，但并不诚实，这为经济对知识的横加阻拦又填了一块砖。知识分子与商业的隔绝，正帮助商业成为一种舒适的意识形态。即使是在最微妙的反应中，知识分子的行动也面临着同样的困境。只有在某种程度上保持自己纯粹性的人才有足够的仇恨、勇气、自由和行动来反对这个世界，但仅仅因为纯粹性只是一种幻觉——以“第三人称”的身份生活——他让这个世界不仅在心灵之外凯旋，而

* 这里提到的是一首著名儿童歌曲《小汉斯》，又名《划船歌》，歌词开头是：小汉斯/一个人/大世界里闯一闯。

且在人的内心深处也获得了胜利。如果一个人太了解商业，就会忘记它究竟是什么；他不再具备分辨力，就像其他人受到文化拜物教的威胁一样，他也受到了堕落到野蛮的威胁。知识分子一方面是坏社会的受益者，另一方面，他们对社会无用的工作很大程度上取决于社会能否从功利主义中解放出来——这不是一个可以一劳永逸地接受的矛盾，因此知识分子总是认为他们与自己所依赖的社会条件是不相干的。这种想法不断地侵蚀着他们作品的客观性。无论知识分子做什么，都是错误的。晚期资本主义秘密地向所有受其支配的人展示了一种极不光彩的选择：要么成为一个更成熟的人，要么继续做一个孩子。

87 斗殴分子[*]

有一种知识分子，他的诚挚努力、他的"知识严肃性"，以及他谦虚的客观性，似乎越不可信，就越有吸引力。这些人是与困难作斗争的摔跤手，永远被困在与自己的斗争中，生活在要求他们全身心投入的决定之中。但事情也不算多么糟。他们的生活虽然处于如此激烈的危险之中，毕竟有一个可靠的武器库可供他们使用，而他们对这些武器的现成利用，暴露了他们与天使的搏斗是一场谎言：你只需浏览一下欧根·狄特利希斯出版社的书籍，或者某些伪善的神学家的著作。激烈的语汇使人对这种由内在性所安排和争执的摔跤比赛的公平性产生怀疑。这些表达来自战争，包括身体上的危险和真正的破坏，但它们描述的仅仅是反思的过程。这可能确实是克尔凯郭尔和尼采思想的一个致命后果，斗殴分子喜欢引用他们的话，但肯定不包括那些声称处于危险中的不请自来的追随者。他们把生存的斗争升华了两次，先是智慧，然后是勇气，通过内化的方式消除了危险的因素，把它变成一种根深蒂固的、顽强世界观的组成部分。他们对外部世界的态度是一种超然的冷漠——除了他们所作决定的严重性之外，这种冷漠已缩为无足轻重；所以他们顺其自然，最终还是承认了这一点。粗野的表达是一种巧妙的艺术修饰，就像体操女运动员身上的亮片一样，摔跤运动员很喜欢和她们交往。苏格兰剑舞是被事先动了手脚的。无论这是一种必由之路，

* 是指一战后出没于柏林的犯罪组织，人们委婉地称之为"斗殴分子"。

还是个人权利的获胜;无论候选人成功地摆脱了对个人上帝的信仰,还是重新征服了上帝;无论他面对的是存在的深渊,还是感官的痛苦体验,他都会幸免于难。因为引导这些冲突的力量和负责又正直的气质,总是权威主义的,是国家的面具。如果他们选择公认的祝福方式,岁月静好。如果他们得出叛逆的结论,他们就成了比社会所需的良善的、独立的人更好的人。无论是哪种情况,他们都会得到权威的承认,被称作是权力的好儿子,用打架的方式进行审判:人们只能皱着眉,看他们扭打在一起。没有一场摔跤比赛是没有裁判的:整个斗殴都是由社会内化到个人身上的过程,个人既监督斗殴,又参与斗殴。社会的胜利越是致命,其结果就越是充满对立:牧师和高中校长的良心和信仰是分离的,因为良心会给他们的权威带来麻烦,他们总是同情迫害和反革命。正如任何冲突中都存在一种自我肯定的错觉元素一样,压抑是自虐的虚假动力的根源。这些斗殴分子只是把所有的精神装备都铺在地上,因为不能在任何其他地方发泄狂乱和愤怒,他们准备把对敌人的内心斗争转化为行动,因为他们相信,无论如何,敌人"一开始"就在那里。斗殴分子的原型是路德,内在性的发明者,他把墨水瓶扔向那个并不存在的魔鬼,并且说,那个不存在的魔鬼就是农民和犹太人。只有残废的心灵才需要用自我憎恨来展示其智慧的本质——也就是不真实——通过二头肌的尺寸。

88　单纯的西蒙

认为个人正在被不留痕迹地清除也终究是过于乐观了。对于他的草率的否定，即通过团结而废除单子，同时也为拯救单一的存在奠定了基础，因为单一的存在只在一般的关系中才成为特殊的。现在的情况完全不同。灾难不会以彻底消除先前存在的形式出现；相反，历史所谴责的东西慢慢走向死亡，它们先是被中和，然后成了可耻的累赘。在标准化、有组织的人类单位中，个体仍然存在。他甚至受到保护，获得了垄断性的价值。但在现实中，他不过是只对自己有独特的功能，一个展览品，就像曾经吸引孩子们惊叹和欢笑的小婴儿一样。由于他不再有独立的经济存在，他的性格开始与客观的社会角色相矛盾。正因为这一矛盾，个体只能在自然保护区受到保护，在闲散的沉思中获得享受。美国进口来的个人主义，在这个过程中被剥夺了个性，被称为多面人格。他们的热切、冲动、突发奇想和"原创性"，即使只是一种特别的可憎之处，甚至他们的语无伦次，都使人的品质被看作是小丑的化装。他们受缚于普遍的竞争机制，除了僵化的个性差异之外，没有其他适应市场的办法，他们满怀激情地投身于自己的特权之中，并且自我夸大到完全消除了自己那些被接受的东西。他们精明地炫耀着自己的天真，他们很快就发现，这是当权者非常珍视的品质。他们在商业不景气的时候中把自己乔装成暖心的人，迎合保护者们的逼人嘲讽，并以他们不体面的热情证明东道国的严肃价值。在罗马帝国生活的希腊人可能也有类似的行为。那些把自己的个性卖给别人的人,作为自己的法官,自愿接受社会对他们的判决。因此,他们客观地为对他们所做的不公正辩护。他们把个体的退化变成普遍的退化,甚至他们的反对方式通常也只是一种适应软弱的巧妙手法。

89 勒　索

资产阶级曾经说过,不听劝的人我们是帮不上忙的,他们希望劝告是免费的,而且帮别人的忙并不是自己的义务,如果帮了忙,那就拥有对获得帮助者的权力。在这一点上,至少有一种对理性的诉求,这种诉求是由聋车工与恳求者以同样的方式构思出来的,而且还有点让人想起正义的影子:遵循精明的建议,人们甚至可能偶尔会找到一条出路。那都是过去了。无能为力的人不应该提出建议:在一个每一个出口都被堵住的秩序中,仅仅是建议就等于欺骗。它总是意味着告诉恳求者,不管多么拒绝做这件事,最终还得干。狡兔三窟,他已经知道他能得到的所有建议,只有当靠聪明什么也做不到时,他才会行动起来。但在这个过程中谁也没法进步。一个曾经寻求建议却没有得到帮助的人,也就是较弱的一方,从一开始就是一个勒索者,这种人随着信托业的发展而不可抗拒地成倍增长。这种倾向在一种帮助者身上表现得最为明显,他为贫困和无能的朋友们的利益辩护,但在他的热情中却带有一种阴郁和威胁的气氛。甚至他的终极美德,无私,也是模棱两可的。虽然应该为那些不会灭亡的人正名,但在坚持"你必须帮助"的背后,暗含着集体和强大威力,任何人都不得冒犯。有慈悲心的人不把狠心的人排除在队伍之外,反而让他们占了先机。

90 聋哑学校

当学校训练孩子们说话时，就像在道路事故受害者的急救和镀金建筑中一样，学生们变得越来越沉默。他们可以被授课；每句发言都使他们有资格获得麦克风，在麦克风前他们被作为普通人的代言人；但他们相互交谈的能力受到了抑制。经验被假定值得交流，拥有表达的自由，因此也是既独立又相互联系的。在一个包罗万象的系统中，谈话变成了口技。每个人都是他自己的查理·麦卡锡*：因此他很受欢迎。从整体上看，词语越来越像过去用来打招呼和告别的用语。一个成功地符合时代最新要求长大的女孩，在任何时候都必须按照具体“场合”说话，并且对她所能支配的经验也掌握了多种应对措施。但这种通过适应来确定语言的目的是：物质与表达之间的关系被切断了，正如实证主义者的概念应该被视为纯粹的计数器一样，实证主义人类的概念实际上已经变成了硬币。心理学家认为，说话者的声音正遭遇着与良知同样的命运，良知在所有的言语中都能引起共鸣。现在语言正被一种社会计划好的机制所取代，即使语调再好，也难逃厄运。一旦良知不再起作用，而且在不成文法中也消失不见，恐慌就会随之而来。恐惧的阴影不祥地笼罩在仍然存在的演讲上。在最亲密的圈子里，讨论问题的自发性和客观性正在消失，就像在政治辩论中，权力的统一让听众越来越沉默一样。演讲带有一种不祥的手势，预示着不好的事情，演讲者的

* 查理·麦卡锡(Charlie McCarthy)，美国40年代著名木偶戏角色。

身体总是动来动去。当他试图提取观点时,与人竞争的意识就像毒药一样渗透进来。人们在谈话中用对话题的情绪来证明自己的正确性,而不管他自己所说的话是否切题。但作为一种纯粹的权力手段,祛魅的语言对使用者产生了神奇的影响力。我们可以一遍又一遍地观察到,有些东西一旦被表达出来,不管它可能是多么荒谬、偶然或错误,因为它曾经被说过,就把说话的人当作自己的财产来加以欺压;而倒过来,这个说话者永远也做不到征服他所使用的语言。文字、数字、日期,一旦说出就有了自己的生命,任何使用它们的人都欠了它的债,进而形成了一个偏执狂领域,所有理性的力量都用上才能打破这个诅咒。人们必须私下里反复念诵他们被灌输的宏大又碎叨的政治口号,而且显然是在最中立的对象中:僵死的社会终于蔓延到了自以为安全的亲密关系中。没有一种对人的伤害仅仅是从外面来的:客观精神总是沉默。

91　文物破坏者

匆忙、紧张和不安正以流行病的方式在大城市里蔓延，就像曾经的瘟疫和霍乱一样。在这个过程中，各种力量被释放出来，这是19世纪匆匆而过的行人做梦也想不到的。人们必须每时每刻都带着自己的计划，最大限度地利用空闲时间。计划被用于各种活动，无论是在认真参观，还是走马观花。这一切的阴影都笼罩在智力工作上。这样做是出于一种不好的良心，仿佛是出于某种紧急的、即使只是想象出来的职业而偷来的。它在巨大的压力和时间的紧张下表现出一种忙碌的活动，这就排除了所有的反思，因此也排除了它自己。似乎只有那些从义务、远足、约会和不可避免的娱乐活动中剩下的时间，才能用于实际生产。那些能够把自己塑造成如此重要的人，以至于必须在任何地方都在场的人，他们所获得的声望，令人反感，但在一定程度上是理性的。他们把自己的生活程式化，有意无意地把不满表现为一种单一的存在。当他们愉快地拒绝邀请时，他们会提到另一个以前接受过的邀请，这标志着竞争对手之间的胜利。因此，一般说来，生产过程的形式在私人生活中或在那些不受这些因素影响的工作领域中是重复的。生活的全部必须看起来像一份工作，通过这种相似性，掩盖了尚未直接用于金钱收益的东西。但这种恐惧只反映了更深层次的恐惧。无意识的神经活动超越思维过程，将个体的存在与历史的节奏相协调，感觉到世界正在走向集体化。然而，由于整体社会与其说积极地接纳个体，不如说是把他们压成无定形的、可塑的一团，所以每个个体都害怕吸收的过程，因为人们认为吸收是不可避免的。做事情和去不同的地方是感官的一种尝试，建立一种反刺激物来对抗威胁的集体化，通过利用显然留给自由的时间来训练自己成为大众的一员。技巧是设法克服危险。在某种意义上，一个人的生活甚至比他所期望的还要糟糕，也就是说，他的自我甚至比他所期望的还要少。与此同时，一个人通过这种过度的自我迷失来学习，没有自我的认真生活可能更容易，而不是更困难。所有这一切都是匆忙完成的，因为没有任何警铃会宣布地震。如果一个人不参加，也就是说，如果一个人不亲身融入人类的洪流，他就会害怕，就像迟迟不加入一个极权主义政党，错过公共汽车，给自己带来集体复仇一样。伪活动是一种保险，是一种自我投降的准备状态的表现，在这种状态下，人们感到自我保护的唯一保证。安全是在适应最大的不安全。它被视为一张飞行执照，将以最快的速度把它带到其他地方。在对汽车的狂热热爱中，无家可归的感觉起了一定的作用。这就是资产阶级过去常误称的“逃离自我”和“逃离内在空虚”的根源。任何想与时俱进的人都不允许与众不同。心理空虚本身只是一种错误的社会吸收的结果。人们逃离的无聊只是反映了很久以前开始的逃离过程。只有因为这个原因，这个巨大的娱乐机器才能继续存在，并且不断地变大，而没有一个人被它逗乐。它把参与这一行动的冲动引向集体，否则就会不分皂白、无法无天地把这种行为当作滥交或野蛮侵略，强加于集体，而集体正是由那些正在行动的人组成的。与他们关系最密切的是瘾君子。他们的冲动对人类的混乱作出了正确的反应，这种混乱导致了两国和国家之间模糊的差别，通过数百万失业者的游行废除了众议院，以及在遭到破坏的欧洲大陆上驱逐和流离失所的人民。自青年运动以来，所有集体仪式的内容都是毫无价值和缺乏内容的，回顾起来，这是对令人震惊的历史打击的一种抱怨。无数的人突然屈服于他们自己的数量和流动性，就像屈服于毒品一样蜂拥而逃，他们是国家迁徙的新兵，资产阶级正在这些荒凉的土地上准备结束自己的历史。

92　无图的图书

启蒙运动一边从客观上倾向于消除形象对人的力量，另一边则从主观上并不真地想把人从形象中解放出来。对形象的攻击同时也势如破竹地摧毁了形而上学的观念，那些曾被理解为靠思想和理性才能获得的概念，那些由启蒙所释放出来的、对思想免疫的思想，现在正成为第二种形象性，虽然这种形象性是没有形象的，而且也不能自发形成。如今在人与人、人与物的关系的抽象网络中，抽象的力量正在消失。图式和类别正在与它们所包含的数据越来越疏离。事实上，人们所处理的物质的绝对数量，已经与个人经验的容量不能相容，这就要求必须把古老的经验重新翻译成感官符号。人类和房屋的轮廓就像象形文字一样，充斥着各种统计数字，而这些剪影在每一个特定的偶然情况下，都仅仅是辅助理解的手段。它们与广告文案、报纸上的陈词滥调、玩具的重复造型如此相似，这并非偶然。表征战胜了被表征的事物。它们庞大、简单和虚假的可理解性证实了脑力过程本身的不可理解性，它们的虚假——盲目、不加思考的包庇——就存在于这项矛盾之中。无处不在就是哪也不存在，因为把整个普遍性、平均数、标准模型当作独特的或特殊的东西来呈现，就是在搞笑。对特定性的废除被不知不觉地换成了特定的东西本身。对特殊性的渴望在还处于需要阶段的时候就已经被压制住了，并在连环漫画的模式下被大众文化从各个方面重制出来。曾经被称为智慧的东西被插图所取代。人们不仅对尚未得到解释的事物毫无想象力，而且即使解释也必须用简化的形式，就连笑话——

曾经思想的自由性与事实发生碰撞之处——也需要插图说明。杂志上的图片笑话大多毫无意义，只是对眼睛的挑战。被无数的前车之鉴所教育的人们，应该在当前语境中迅速地擦亮眼睛。由插图表现的事物，以及被旁观者重新表现的事物，在情急之下毫无反抗地屈服于虚无的支配，就像压舱物一样抛弃了一切意义。我们这个时代的笑话是目的性的自杀。谁"说破"真相，谁就会被讥讽，讥人者都是残忍的。如果一个人试图通过思考来理解这样的笑话，即使是看最简单的漫画，也会像卡通电影结尾的赛跑一样，无助地落在事物失控的节奏后面。面对倒退的进步性，聪明人会变成傻子。对思想的唯一理解是对不可理解事物的恐惧，就像一个沉思的旁观者，看到牙膏上的美女在笑，却从她迷人的笑容中看出了痛苦。所以从每一个笑话，甚至每一幅插画中，他都为这个主体的死性判决而震撼，因为主体之死已经隐含在主观理性的普遍胜利中。

93 意图和再生产

文化产业的风格是虚假现实主义，这说的不是电影巨头及其喽啰们在欺诈观众、捏造事实，而是说，在当前的生产条件下，由自然主义本身的风格原则所支配。电影让自己屈从于对日常生活的盲目再现，就是在遵循左拉的信条，这一信条在移动拍摄和录音方面是切实可行的，其结果是创造出一种与观众的视觉习惯相异化的构造。以电影技术为依托的科学自然主义，将消解一切表面意义的连贯性，最终成为与我们所熟悉的现实主义的对立。电影会变成联想的图像流，从它们纯粹的、内在的结构中衍生出形式。然而，如果出于商业上的原因，甚至是出于某种无功利的合目的性，电影竭力选择与赋予意义的思想相联系的词语和手势，那么就会发现自己同样不可避免地与自然主义的前提假设发生矛盾。自然主义文学中对现实的不那么密集的再现为目的性留下了空间：在由电影技术装置所实现的完美复制中，每一种目的性，甚至真理的目的性，都变成了谎言。为了让观众记住人物性格，甚至是整体影片的涵义，对某个词的使用会让它与本意相比非常不自然。这证明，在第一次蓄意欺诈、第一次真正的扭曲发生之前，世界本身在意义上是相似的。没有人像电影里那样说话，没有人像电影里那样行动，而电影却不断地敦促每个人这样做。结果人被束缚住了：规矩是由意义本身先天产生的，不管具体的意义是什么，而只有通过某种规矩，即对事实的重申，才能动摇意义。只有放弃目的性才能实现目的性，这和现实主义是不相容的，综合之所以变成谎言是因为意义在概念上的模糊性，它未加辨别地认为主体本身的组织及其与听众的沟通是一回事。然而这种模糊性出现并非偶然。意义介于理性和交流之间,因此总是时对时错。客观的人物,即已实现的表现形式,走出自我并开始表达自我,而当这个人开始算计对话者的时候,他就是被对话腐蚀了。每一件艺术作品,甚至是理论作品,都必须表明自己能够应付这种模糊性的危险。无论多么深奥的意义形式,总会对消费作出让步;而缺乏意义的话,就成了外行。质量是由工作的深度决定的,也就是说,工作掌握着自身的多种可能性。

94　世界并非是一个舞台

艺术即将灭绝的征兆，表现为艺术越来越不可能再现历史事件。没有表现法西斯主义的戏剧，不是因为编剧缺乏天赋；再有天赋的艺术家，当他要着急完成任务时，才华也会枯竭。我们必须在心理学和幼稚症中做出选择，二者都不是适合主体的原则。心理学在美学上已经过时，但自从现代戏剧开始发现政治对象以来，一些杰出的艺术家就出于老谋深算和坏良心用心理学进行创作。席勒在《斐爱斯柯在热那亚的谋叛》的序言中写道："如果只有情感才能引发情感，那么在我看来，政治英雄必然是不适合舞台的主体，为了成为政治英雄，他就必须不仁。我并不是为了要让我的情节活色生香，而是要把冷酷、枯燥的戏剧从国人的心灵中拧出来，从而让它重新与心灵建立起连接——通过剧中人的入仕头脑来表现，并利用一个巧妙的阴谋来描绘人类的处境——这就是我的创作目的。此外，我与世俗的关系使我对神学院比对议会更熟悉，也许正是这种政治上的弱点变成了诗歌上的优势。"这可不好说。席勒的作品把异化历史与人类心灵联系起来，已经成为证明历史的非人性可以被人类理解的借口，而当他用技巧把"人"和"入仕头脑"等同起来时，这个借口就昭然若揭，就像剧中的谋叛者居然误杀了利奥诺。审美的重新私人化倾向是试图通过艺术保存人文主义。席勒在剧作中巧妙设计的谋叛没有起到辅助效果，它跨越了人物的激情和已经无法与他们相容的社会政治现实，在人类的动机方面变得无法理解。最近，垃圾般的传记文学继承了衣钵，渴望将名人拉近卑微的读者。对虚假人性化的渴望，重新引入了精心策划的情节，人物的行动作为连贯的意义和谐地表现出来。照相写实主义的预设在电影中是站不住脚的。在照相写实主义死灰复燃的过程中，电影忽视了它曾依赖的伟大小说的体验，消解了连贯意义，这些体验才是可能的。

然而，把这一切都撇开不论，试图把政治场面描绘成抽象的、超越人性的，不包括心理上的欺骗性中介，这样做也没有什么好处。因为真正发生的事情本质上的抽象性，拒绝了审美形象。为了把这种抽象性表达出来，作者不得不把它转换成一种儿童的语言，一种原型，重新让它“回家”。在语言之先的不是情感，而是理解过程的检查站，这些检查点甚至不能被史诗戏剧所突破。呼吁这种权威，就是认可了主体在集体社会中的解体。然而，这样的转换对语言的歪曲，跟女王为了情欲而发动宗教战争的程度半斤八两。像今天的朴素戏剧一样幼稚的是那些被这种戏剧嫌弃的形象。然而，朴素戏剧又要为政治经济学留有一席之地，如果它一直需要如此，那就要在时时刻刻保持着又分化又先进的状态，以至于图示化的寓言根本不能概括它。现在的大规模产业内的交易就像不诚实的蔬菜交易商之间的交易，足以产生短暂的冲击效应，但却不能产生辩证的戏剧效果。用农业或犯罪记录的形象来说明晚期资本主义，并不能让畸形的现代社会清晰地从层层遮掩的现象中显现出来。相反，对现象的漠视扭曲了本质，而现象本应明显地从其本质中衍生出来。它假装无害地将最高层次上的权力夺取解释为社会外部的阴谋诡计，好像这个阴谋不是社会本身的必然走向。描述法西斯主义是不可能的，因为无论是置身其中还是隔岸观火，都没有主体的自由。总体不自由可以被承认，但不能被代表。在今天的政治叙事中，当自由就像歌颂英勇抵抗一样作为叙事动机出现时，就有一种令人尴尬的特质，它对自由的保证是无力的。所有结果总是由高层政治预先决定的，而自由只被看作是一种意识形态，一谈到自由，就好像总是在耍嘴皮子，而不是切实可行的人类实践。把濒临灭绝的主体塞进博物馆去是最不可能让艺术得救的，如今只有纯粹非人的客体才配得上艺术，却因为过犹不及和非人性而同样不可能让艺术得救。 173

95 气阀和鼓

品味是历史经验最准确的地震仪。几乎与所有其他能力不同，品味甚至能够记录自身的变化，能认识到自己缺乏品味。抵制品味或对某种品味感到震惊的艺术家，看似是不受凡俗品味约束的高品位代言人，他们的气质由历史上的品味统治着；首先需要培养细腻的情感，这是精神不安的新浪漫主义领域，就像里尔克所说的："贫穷是来自内心深处的巨大光芒……"微妙的颤栗和与众不同的悲怆，现在只不过是崇拜压迫的呆板面具。正是这种高度发达的审美神经，现在才发现自以为是的唯美主义是不可容忍的。个人是如此彻底地具有历史意义，以至于能够用晚期资产阶级体制的雕饰来反抗它本身。对于一切艺术的主观主义、拿腔拿调和得意扬扬，我们都感到厌恶，但是又没有从历史中得出教训，主观性早先在资产阶级的规矩面前畏畏缩缩，现在却蠢蠢欲动。即使拒绝模仿，艺术对实事求是的深切关注，本身仍是一种模仿。对表达是否主观的判断不是来自外部，不是来自政治和社会的反映，而是来自直接的冲动，每一种冲动在面对文化产业时都羞于正视自己的镜像。排在首位的是禁止让情欲具有感染力，正如卡夫卡在作品中不写性，抒情诗语调的转变也体现了这一点。在表现主义以来的艺术中，妓女已经成为关键人物，尽管在现实中这种角色正在消失。只有刻画毫无羞耻的人物，才能在不引起审美尴尬的情况下处理性的问题。我们越是容易感到尴尬，这种错位就越能让艺术向个人主义形式堕落，并且让集体形式变得不再可能。坚持表现的范围，反对集体主义的强迫，这超越了个体艺术家的信仰和独立性；相反，即使违背他的意愿，艺术家也必须在他最隐秘的细胞里感受这种强迫，因为人性常常是不合时宜的，他肯定不想错误又无助地落在非人事物的后面。即使是不妥协的表现主义文学，例如奥古斯特·斯特拉姆的诗歌和柯科什卡的戏剧*，在激进主义的外表下也有另一面，他们天真地相信自由主义。然而，他们的艺术进步同样值得怀疑。有意识地消除绝对主观性的艺术作品，在这样做的过程中提出了对成立一个积极团体的要求，这个团体跟它们自身无关，是它们随意引用的，这只会让它们成为厄运的替罪羊，这种天真最终又抵消了它们的努力，因为它们仍然是艺术品。负责任的工作总让不负责任的人受益。一旦事实证明可以完全消除紧张，那么任何除草剂都无助于歌曲的复兴，而从野蛮的未来主义一直延伸到电影的意识形态，民族阵线也将一路大跃进。

* 奥古斯特·斯特拉姆(August Stramm，1874—1915)，德国诗人和剧作家；柯科什卡(Oskar Kokoschka，1886—1980)，奥地利表现主义画家、诗人兼剧作家。

96　双面神之殿

若把文化工业体系置于广泛的世界史视野中，就能看出它在系统地利用人类与文化自古以来存在的裂痕。进步具有两重性，它总是在发展自由潜能的同时，进行现实的压迫，这种两重性让人们受自然与社会进步双重摆布的程度越来越深。但人类越确实在文化的驱策下成长起来，不再能够以文化整合人的方式去理解文化。对人来说来变得陌生的，是人们在文化中占据的成分，正是变得陌生的、离人最近的东西，在支撑着人们对抗世界。然而最为异化的情形是，人们与无所不能的商品世界同谋来对抗人自身，把人变成机器的附庸。这让他们获得了互相很亲密的幻觉。伟大的艺术作品和哲学体系还未得到理解，不是因为它们超出了经验的范畴，反而是因为不理解本身就可以当作是一种深刻理解的证明：一个人若当真了解了它们，就应该为自己参与了世界的不公而感到羞愧。人们倒是没有如此，而是执着于追逐嘲弄他们的世界，以其光滑的外表来确保内里的残破。不可避免的幻想存在于城市文明的各个阶段：在古希腊晚期喜剧、希腊化时期的艺术与工艺品中已经出现了媚俗风格，尽管这时还没有掌握机械复制时代的技术，也没有庞贝古城召唤的工业机器原型。读一百年前的作品如库珀所写的小说时，读者会感到好莱坞模式的雏形。文化工业停滞不前可能不是因为出现了垄断，而是从一开始就是娱乐行业的固有属性。媚俗作品总是使用千篇一律的架构，哲学上却谎称它出于庄严的设计。原则上，确实没有什么必须改变的成分，本来媚俗作品创作出来的目的就是要向人们灌输这种一切都无需改变的观念。但只要文明还是在随机地、匿名地发展,可观精神就不会知道野蛮是文明的必要组成部分。文明在调停了统治行为时,却误以为在帮助实现自由,不过它至少不屑于为统治者助纣为虐。文化禁止媚俗,媚俗却如影随形,带着对坏良心的高等文化的强烈反感。文化不再是文化,它自己却浑然不知,反要被媚俗所提醒,因为在媚俗中,文化发现自己在贬值。如今,统治者意识开始与社会总体趋势相统一,文化与媚俗之间的张力也日渐瓦解。文化不再软弱地把媚俗藏于身后而是拉到身前,让媚俗充当先锋,因为文化担负着管理全人类的职责,所以它也得管理好人与文化之间的裂痕。就算是客观上强加于受压迫者的粗俗、麻木和麻木的情感,在幽默节目中也要细致地表现出来。没有比这种把野蛮结合起来的现象更能准确地描述人们既团结又对立的状态了。然而,这就让统治者的意志拥有激发世界的力量,他们为大众社会的消费者制造的不是垃圾而是消费者本身。正是消费者在渴求电影、广播节目和杂志,无论多么对秩序毫无满意可言,体制从消费者身上巧取豪夺,从不兑现承诺,他们也失去了耐心,最后那来自体制的典狱长一手递给他们充饥的石头,另一只手里却藏着留给自己的面包。25 年来,老一辈魏玛公民毫不抵抗。他们本该了解一些过去与今天的不同之处,现在也落入了文化工业的怀抱中。文化工业对他们寸草不生的心灵了如指掌。这些人没理由向一名被法西斯主义腐蚀了内心的年轻人发火。这批没有主见,在文化上没有东西可以继承的一代人才是文化的真正继承者。

97 单　子

个体的结晶化是政治经济学的形式，尤其是城市市场的后果。虽然个体在反抗着社会带来的压力，但个体又仍是社会最特殊的产品。使个体有能力反抗社会的独立性，来自单子化的个体利益，这种个人利益又凝结为性格。个体在个体化中反映出剥削是预设好的社会规律，尽管这个规律是经过中介的。这意味着，个体的衰落不能由个体本人来推断，而是通过他的社会倾向来推断。社会倾向一方面是个体的对手，另一方面又是个体表现的形式。反动的文化批评却另持一端，它往往在洞察到个体衰落和社会危机之后，把本体论责任推给个体。所以，反动的文化批评家总是说，个体原则浅薄、缺乏信仰、抓不住本质，因而才导致了一系列问题，这样说能让他们获得自我安慰，然后躲进当年的荣光里。比如赫胥黎和雅思贝尔斯就认为个人主义者不断谴责个人，说个体的机体是空虚的，容易神经衰弱，但他们却不曾提到个人身上反映出的社会原则问题。这些半真半假的事实证明他们说的是彻头彻尾的谎言。在他们看来，社会是未经中介的共同体，整个社会的发展靠的是主观态度，而不是既包含了人，也改造了人的体制，他们看不到社会对人的改造已经深入到人性的层面。他们的看法只是从表面上反映现状，在这种表面现状中，人与非人的界限还混沌不分；在这种表面现状中，哪怕错的他们也认为是合理的。从历史上看，资产阶级在更明事理的时代还能搞清楚这种相互关系，只是当资产阶级学说退化为反社会主义的粗劣辩证法之后，他们才把这层关系忘得一干二净。雅各布·布克哈特在《希腊文明史》中不仅把希腊人个体的枯竭与城邦的客观衰落联系到一起，而且还把城邦的衰落与个人崇拜联系到一起："随着狄摩西尼和基西昂的相继离世，个体性突然就在城邦里消失了。不仅如此，伊壁鸠鲁，公元前 342 年出生于古希腊萨摩斯岛一户奴隶主家庭的哲学家，成了最后一位最具世界意义的雅典人。"个体性消亡的同时，又出现了无节制的个人主义，它的口号是"一切皆有可能"："总之，人们现在崇拜的是人而不是神。"通过破坏城邦来使个人获得自由，这不仅没有减弱个体的抵抗，反而消灭了个体。在专制国家的完善过程中，个人主义提供了将社会从 19 世纪推向法西斯主义的范例。贝多芬的音乐以社会交往的形式为基础，用禁欲的形式表达个人情感，让情感发出了社会冲突的声音，而社会也从这种禁欲的音乐中汲取了个体的全部力量。理查德·施特劳斯的音乐则完全服务于个人意志，宣扬了个人完善，因而把个体变成了市场的接收器，而市场能够任意接收思想，轻松改变风格。在专制社会中，个体的解放对个体而言是把双刃剑，脱离社会的自由反过来剥夺了争取自由的力量。因为，无论两个人建立了多么真实的关系，双方彼此都只是抽象的概念。人没有非社会性的内容，也不存在超社会的冲动，充其量只是在帮助社会实现自我超越。绝对个体的概念源于基督教关于死亡与不朽的教义，上帝如果不借助人性，就不可能产生力量。一个只希望自己长生不老的人，只是自我原则膨胀到了无以复加的程度。"死去的那个人正是救世主。"这条训诫起了作用。社会地看，给个人以至高地位，意味着将社会关系通过普遍中介进行了转换——这个中介活动，就像交易活动一样，总需要付出些代价——直到最终个人由社会直接通知，权力则交给那个更强大的个体。由于所有社会中介元素都在个体重化为无形，个体就在任何情况下都表现为社会主体的一部分，并因此而退化到情感粗糙的赤贫状态，最终成为纯粹的社会对象。在恩格尔意义上，被抽象把握住的个体是自我取消的：除了赤裸裸的利益追逐，他们一无所知。人们被各式各样的组织和恐惧所征服。如今，人性的痕迹只保留在个体的衰退中，这告诫我们，一方面如果想终结使人个体化的命运，只有让人们从各自孤立的状态中脱离出来，但另一方面救人又和害人没什么两样。

98 遗　　产

辩证思维是用逻辑自己的方法突破逻辑的约束。但是，由于辩证法必须使用这些方法，它就时刻都有陷入受约束状态的危险，理性的诡计也想支配辩证法。除非通过一种从现存秩序衍生出来的普遍性，现存秩序本身是无法克服的。普遍性对存在的胜利是通过存在本身的概念取得的，因此，在这场胜利中，纯存在的力量不断地威胁着要以破坏存在的同等暴力来使自己重新伸张。思想作为历史的运动，通过否定的绝对规律，按照其内在对立的模式，成为明确的、排他性的、不容置疑的肯定性思想。一切都笼罩在资本经济及其发展阶段之中，这些阶段形成了整个社会的历史。思想从整体上具有了巴黎艺术家称之为杰作的特点。正是经济发展的迫切性造成了一系列灾难。迫切性与统治有关，至少在批判理论中还没有明确说明这一点，因为批判理论和传统理论一样，等待着从渐进的发展中得到拯救。迫切性和总体性，二者被资产阶级知识分子看作是必然性与普遍性的理想形式，确实限制了历史的准则，但正因为这个原因，在那些伟大的、不可动摇的、崇高的概念中，即在辩证的批判和实践所反对的概念中，社会机构便产生了沉淀。如果本雅明说，历史迄今为止都是站在胜利者的立场上书写的，更需要站在被征服者的立场上书写，我们可以补充说，知识确实必须呈现出关键性的胜利与失败之间的连续性，同时也应该处理那些没有被这一动态所包含的东西，这些东西被搁置一边，我们可以称之为辩证法以外的废料和盲点。失败者的本性就是在他们无能为力的时候显得既无关紧要又古怪可笑。超越统治社会的不仅是发展的潜力，还有一切不符合历史运动规律的东西。理论必须处理相互增益的、不透明的、未被吸收的材料，这些材料早就承认自身有一种相对于现实而言已经过时的性质，但它们并不是完全过时，因为它们机智地战胜了历史的动力。这在艺术中最为常见，像《爱丽丝梦游仙境》和《蓬头彼得》这样的儿童读物，如果要问它们是进步的还是反动的，那就太荒谬了，它们甚至包含了比黑贝尔的戏剧更加雄辩的密码，尽管黑贝尔的戏剧的主题是悲剧性的罪恶、世界和个人的历史转折。如果没有埃里克·萨蒂那些大胆而又幼稚的钢琴作品，没有那些严酷而又悲怆的发展部，又有什么能激发勋伯格乐派的灵感？一切都证明，逻辑越是宏大，就越是可能在无意中呈现出褊狭的性质。本雅明的著作是一次前所未有的尝试，他的哲学成果尚未被宏大的目的所阻碍。他所遗留下来的任务，并不是要放弃解开异化思维的谜团这样一种宏大目的，而是要把那些没有目的的东西纳入概念的范畴：即在辩证地思考的同时，不辩证思考的权力。

99 试　金

随着宗教的解体和自律规则日渐确立,资产阶级的道德观念萎缩了,而真诚这一标准成了最高的道德。既然没有什么外在性事物可以强加于人,那么至少人应该完全成为他自己。每个人认为自己代表了不朽的真理,也是美化事实的依据,这是启蒙为伦理带来的变化。正是那些独立的晚期资产阶级批判性思想家,厌恶传统判断和理想主义语言的思想家,才最同意这种观点。易卜生对生活是谎言这一义不容辞的裁决,还有克尔凯郭尔的存在主义,使真实性的理想成为了形而上学的核心。在尼采看来,"真实"一词不容置疑,不受概念发展的影响。最后,对于法西斯主义的哲学家们来说,在失去宗教的情况下,诸如本真性和个体"在世界中"的持存,就成为了对宗教权威的篡夺。于是他们谴责那些没有价值的事物,开门见山地说,也就是犹太人:瓦格纳不是已经将德国金子与外国杂碎进行了对比,结果误将野蛮的责任推给文化市场吗?然而,这种失误并不是真实性概念的外在表现。真实性的褴褛衣衫正在坏掉,接缝和补丁渐渐露出来,不是不报时候未到。不真实存在于真实的基础上,而真实的基础即个体。如果正如黑格尔和叔本华所认识到的那样,在个体性的原则里,世界进程的秘密是被隐藏起来的,那么,自我最终的和绝对的实体概念就会成为一种假象的牺牲品,这种假象试图保护既成秩序,即使秩序的本质已经衰退了。真实并不等于真理。正是不偏不倚的自我反思——这种尼采称之为心理学的实践方式,在于坚持关于自己的真理,它反复表明,即使在童年第一次有意识的经验中，所反思出的冲动也不完全是“真实的”。它们总是包含着模仿、玩耍、想要与众不同的元素。这种欲望淹没在个性中，避开社会关注，触及一些坚实的、终极的存在，却恰恰导致了虚假的无限性。自克尔凯郭尔以来，真实性的概念一直被认为是要袪除的。在这一点上，没有人说得比叔本华更直白了。这位老兄既是存在主义哲学的暴躁祖先，也是宏大推理的邪恶继承人，他在空洞的个人专制主义思想中独领风骚，无人能及。但他的见解能与辩证法相结合，用来说明个人只是表象，而不是物自体。他在《作为意志与表象的世界》第四卷的注脚中写道：“每一个个体一方面是认识的主体，即整个客观世界的可能性的补充条件，另一方面是同一意志的单一表现形式，这种意志在每一事物中都把自己客观化。但我们存在的这种表里不一的性质，并不是建立在为它自己而存在的统一里的，否则，我们就应该能够通过我们自己而独立于认识和意志的对象，自为地存在。然而当我们通过认知的内转，试图一次性获得完全的自我反思时，我们就会迷失在一个无底的虚空中，我们发现自己就像一个中空的玻璃球，听由一个空洞的声音在这球里说着废话。”因此，叔本华把纯粹自我的神话般的欺骗当作是空洞无用的。这是一次概括。将个人呈现为原初实体的单子，只是社会过程的社会分工的结果。作为一种绝对性，个人只是财产私有关系的反映。他认为下述说法是在瞎编：人的生物属性必然在逻辑上先于社会总体，人只是被社会权力所孤立出来，个体的偶然性却反过来被当作真理的标准。自我不仅与社会交织在一起；从最字面的意义上说，它的存在归功于社会。主体的一切内容都来自社会，或者至少来自它与客体的关系。自我越自由地发展和反映这种关系，它就越丰富，而它所声称的起源却因分离和硬化而越来越受到限制，越来越贫乏。谁要是像克尔凯郭尔那样尝试通过个人内心的退隐来寻求精神富足，就会发现结局是个体的牺牲，以及他谴责的那种抽象，这并不是偶然的。本真性不过是对社会压迫强加于人的宗教形式的一种蔑视和固执的坚持。任何不希望枯萎的东西，都应该带上不真实的污名。因为它生活在模仿的遗产上。人与模仿有着不可分割的联系：一个人只有通过模仿别人才能成为人。在爱的原初形式中，真实性的神甫嗅到了乌托邦的气息，这个乌托邦可能会动摇统治结构。尼采的真理概念教条式地退回到真实性概念之前，这使他最终成为一名他曾经想要成为的路德教徒。尼采对戏剧表演的猛烈抨击带有反犹主义的印记，而反犹主义的头号选手瓦格纳却激怒了他。尼采没理由指责瓦格纳的戏剧表演，因为所有的艺术，尤其是音乐，都与戏剧有关。在尼采的每一个时期，都能听到罗马元老院千年以来修辞术的回响，但这是演员对戏剧表演的否定。事实上，不仅对不真实的假设是谎言，而且真实性本身在它变得真实的那一刻也变成了谎言，这就是说，在反思自己的时候，在假定自己是真实的时候，它已经超越了它所声称的同一性。自我不应是本体论的基础，而应该是神学的基础，它与神最为接近。持守自我，抛弃神学观念的人，有助于证明魔鬼对积极的、赤裸裸的利益的主张是正当合理的。他从后者意义的灵韵中借得力量，使自我持存理性的指挥能力成为一种崇高的超结构，而在世界中的真我已经成为叔本华所说的内省性幻影。从真实概念的历史意蕴中也可以理解什么是虚幻，真实性概念中蕴含着原物比派生物高级的观念。然而，这一概念总是与正统主义学说联系在一起。所有的统治阶层都声称自己是最古老的原住民。内在性哲学从整体上，包括它们所宣称的对世界的蔑视，是对野蛮的口头传说的最终升华，在传说中出现的第一个人拥有最伟大的权利。自我的优先性是不真实的，就像所有住在自己家里的人一样。如果真实性仍然只能建立在自然和习俗的对立上，那么这一切都不会改变。这个世界越是堆满了人造品，对这种状况负有责任的人就越是表现出他们的原始本性。真实性作为个人主义伦理的最后堡垒，是工业大规模生产的反映。只有存在着无数按标准生产出来的商品，为了抵抗唯利是图的态度，人们才形成了存在某种绝无仅有事物的幻觉，同时人们又用同样的标准去衡量这种事物，即不可复制的才是真实的。在此之前，人们对真伪的质疑几乎与对原创产品的质疑一样少，而在巴赫的时代，这一概念还不为人知。真实具有的欺骗性，要追溯到资产阶级对交易过程的无知。能减少商品和其他交换手段的东西就是真实的，尤其是黄金。但就像在试金中,把真实性抽象为纯金的比例,就成了一种拜物教。真实性和金子的纯度都被当作物的社会基础,而它们事实上是一种社会关系,表现为事物的可替代性和可比较性;它们不是为自己存在的,而是为他人存在。真实性的不真实之处在于它必须宣称,在一个以交换为主导的社会中,它所代表的东西是自己永远无法成为的东西。真实性的信徒在为掌握货币流通的当权者服务时,通过货币的七重面纱之舞,使真实性的消亡显得高贵。

100 漂泊的日子*

谁问解放社会的目标是什么，就会得到诸如实现人的各种可能性或丰富生活的答案。由于这个不可回避的问题是不合法的，所以答案就只能是一份令人反感的保证，这不禁使人想起19世纪90年代那些满脸大胡子的自然主义者们所阐述的民主社会理想人格。只有在最粗糙的需求中才有温柔，那就是希望没有人会再挨饿。其他人则去试图适应由人类需求决定的情况，这种情况就是把生产本身作为生活的目的。想象这样一幅图画，想象一个无拘无束、充满活力、富于创造力的人，他对生活充满了期待。这幅图画就渗透着商品拜物教，这种拜物教给资产阶级社会带来了压抑、无力和永恒的无生命状态。作为资产阶级历史性的必要补充，活力的概念被提到绝对的地位，而作为生产规律在人类学中的反映，活力概念本身应该出现一个解放了的社会里，以批判的眼光来面对生产需求。不受约束的活动、不间断生育、贪食、无法无天的自由，这些概念都是源自资产阶级的自然观念，而这些自然观念总是把社会暴力说成是不可改变的，是一种健康的永恒性。正是在这一点上，而不是在所谓的堕落上，马克思所抵制的社会主义积极蓝图是植根于野蛮的。可怕的不是人类会堕落到好吃懒做的地步，而是社会借着普遍规律和集体的面具触目惊心且又盲目无知地扩散开来。扩大生产是发展的硬道理，这种天真的假设是资产阶级观点的一部分，它只

* 原标题为法语 Sur l'Eau，为莫泊桑的一部小说标题。

允许社会朝一个方向发展,因为社会被整合成一个总体,由量化原则支配,反对质的差别。我们可以想象一下,解放社会就是把社会从这样的总体中解放出来,然后我们将会重新看到,不断扩大的生产和对生产的反思没有什么共同之处。如果不受约束的人不是最可爱的人,甚至算不上最自由的人,那么在一个解放了的社会中,生产力也不是人类最深层的基础,而是人类适应商品生产的历史形态。也许真正的社会会对发展感到厌倦,出于自由,让各种可能性闲置着,而不是在冲动的支配下冲向陌生的星球。不再知道物质匮乏的人类,将开始了解,迄今为止,为了解决匮乏而做出的一切社会安排都具有自欺欺人的、徒劳无益的性质,这些社会安排利用财富在更大范围内制造出匮乏。就连休闲享受的过程也会受到社会安排的影响,导致休闲活动也总是离不开经营、规划、垄断和征服。我们只想像动物一样无所事事,躺在水面上,望着天空发呆,“别无所求,不需要其他满足”,这才是真正地遵守了辩证逻辑的诺言,回到初心。没有任何抽象概念比永久和平更接近于实现了的乌托邦。莫泊桑和斯特恩海姆*等在社会进步过程中袖手旁观的人,胆怯地为消遣找到了表达方式,这也是脆弱的消遣所允许的唯一方式。

* 斯特恩海姆(Carl Sternheim, 1878—1942),德国剧作家。

第三部分

1946—1947 年

雪崩啊！你是想在崩坍中撵我走吗？

——波德莱尔

定了成功来自努力这一信条。在他们的内心深处,不知不觉中,却又无可奈何地,受到了惩罚,人们一直认为这种惩罚是他们应得的,也不再额外地对这些人表现出仁慈。在宿命论中,有一种权威观点,认为不是不报时候未到。个人法则是等价交换的一个谜。

102　欲速则不达

逃命街头给人一种恐怖的印象。受害者在试图逃跑时，已经在模仿他的结局。头部勉力支撑着，像是溺水时的样子，被染污的脸做出痛苦的表情。逃命者必须向前看，却边踉踉跄跄地跑，边回头瞧，就像在踩着一个四肢僵硬的敌人的影子。人们为了躲避危险而不顾一切地转身和面对危险，有人在不知情的情况下追赶公共汽车，见证了过去的恐怖。有了交通规则，野生动物就不许再上街了，但它们并没有停止奔跑。资产阶级的散步已经离我们而去，我们终于看清了：安全上有问题，被释放的生命之力，哪怕只是工具，都必须逃脱。身体对正常走路的习惯源于过去的美好时光。这些都是资产阶级的运动形式：身体的去神话化，摆脱了等级的踱步，在没有拱廊的街上徘徊，气喘吁吁地飞行。人的尊严要求散步的权利，一种不会被命令或恐惧从身体中挤出来的节奏。散步是私人消磨时间的方式，是 19 世纪封建长廊的遗产。随着自由主义时代的结束，散步也逐渐消失，即使在人们不用开车的地方也是如此。“青年运动”察觉到了这种倾向，用一贯的受虐来挑战父母的周日出游，取而代之的是自愿游行。他们用中世纪的方式，在福特车型即将面市的时候，将其命名为 *Fahrt*（旅行）。或许，对技术速度的狂热就像对运动的狂热一样，隐藏了一种控制跑步恐怖的冲动，即把速度从自己的身体上剥离出来，同时毫不费力地超越它。逃出生天最终平息了逃亡者的恐惧。但是当有人冲你喊着“快跑”，从帮妈妈拿落在一楼的手提包的小孩，到被命令逃跑以便让看守们开枪的囚犯，这种古老的力量使它自己被听到，否则它将无声地指引我们的每一步。

103 来自荒野的男孩

人有时会无缘无故地害怕某种东西，这显然是受到一种固执念头的困扰；人往往最回避的问题是由下属用假装感兴趣的方式提出的；人越是希望谁远离自己心爱的人，就越是忍不住邀请这位仁兄，哪怕隔着千山万水，也要发出善意的邀请。一个人在多大程度上助长了这些恐惧是有争议的：一个人过分焦虑的沉默是否把问题放进了阴险的听者的嘴里；另一个人以一种愚蠢的破坏性自信，请求调停者不要调停，从而挑起致命的接触。* 心理学家知道，以某种方式想象灾难的人是渴望灾难的。可是倒霉事怎么还真地那么快就发生呢？现实中的某些东西在偏执的幻想中引起了共鸣，并被扭曲了。每个人身上都潜伏着一个施虐狂，这不知不觉地暴露了每个人身上潜藏的弱点。迫害妄想是会传染的，人们会不可抗拒地相互模仿。人越是害怕，偏偏越会幻想。“傻瓜总是成串出现”——上当受骗的人会陷入无底的孤独，这种孤独倾向于集体化，因此引证了上当的存在。当今社会普遍存在这种病态机制，在这种机制下，那些社会化的人陷入绝望的孤立状态，渴望群体，并聚集在一起，却只形成冰冷的群体。因此，愚蠢成了一种传染病，它在邪教和大型组织中以同样的速度散播开来。迫害妄想源于人对血腥现实的亲和力，暴力是一切文明的基础，这意味着文明是所有人对所有人的迫害，而迫害狂只会把总体所犯下的罪行归咎于他的邻人，从而使

---

* 此处参见赫胥黎的小说《美丽新世界》。

自己处于受害的地位，使无法衡量的事物变得可衡量。他之所以被灼伤，是因为他试图赤手空拳地直接掌握与他自身类似的客观性错觉，而秩序之所以荒诞恰恰在于其完美的间接性。受害者的牺牲掩护了骗人的组织。即使是对事件最糟糕、最愚蠢的描述被最疯狂的预测，也误闯入了社会赖以存在的致命法则之领域。失常只是短暂的适应过程：一个人明显的愚笨，错误地用正确的名字称呼了另一个人的整体愚笨；偏执狂是对正确生活的一种讽刺，因为他主动模仿错误的生活。就像短路时火花四溅一样，在现实中，一种错觉与另一种错觉串联在一起。沟通是对迫害妄想的彻底确认，它嘲笑了试图活得正确这个想法多么可笑，只会让他们更深地陷入妄想。于是生命的表面又一次合在一起，向他证明事情并不是那么糟糕，而他只是疯了而已。他主观地预测了客观疯狂与个人无助直接融合在一起的状态，就像法西斯主义这个由迫害狂组成的独裁政权一样，意识到受害者面对迫害的所有恐惧。因此，无论夸张地进行怀疑是偏执还是真实，都只能在事后才能判断。恐惧感仅仅靠心理学是无法克服的。

104 金色大门

那些曾经被侮辱、被轻视的人总有一天会发光，苦难曾经多么剧烈地施加在他的身上，他发出的光就有多么耀眼。他意识到，爱是盲目的，谁想要爱谁就必须保持健忘，同时让生活的要求不被蒙蔽。他其实被误导了，他由此推断出这样的结论：爱就是放弃，因为欲望只能在自由中得到满足。在这样的痛苦中，被拒绝的人就成了人。正如爱毫不妥协地把普遍的东西背叛给特殊的东西一样，只有在特殊的情况下，正义才会公正地对待前者。结果普遍性通过对个体性的反驳，把自己排除在普遍性之外；人失了爱，就知道自己被众人离弃，所以藐视安慰。被剥夺的感觉对人来说是没有意义的，他只能感觉到所有个人成就的不真实。但他由此觉察到普遍性的矛盾：被爱之人普遍享有不可剥夺和无可指责的人权。他的抗辩没有出于任何名义，他向一个不知名的法院上诉，这个法院告诉他，这不过说明以前属于他的东西，现在不属于他了。在爱情中获得公平，就只能废除一切权利，而爱情偏偏需要这些权利。“爱就是这样/永远是欺骗和愚蠢。”*

* 来自荷尔德林的诗《泪》。

105　时辰到了

在失眠的夜晚，那些折磨人的时间总是无穷无尽，黎明遥不可及，我们试图忘记时间的嘀嗒流动却徒劳无功。但更可怕的是，在另一些时候，时间似乎在迅速缩短，怎么拦也拦不住。我们熄了灯，希望以一眠解千愁。但是，当我们的思绪刚刚奔涌而去时，夜的疗愈之药库却已被挥霍殆尽，在还没有把所有的光线从红肿的眼睑下驱散之前，我们知道已经太迟了，清晨很快就猛烈将我们摇醒。罪犯可能会梦见自己逍遥法外，但在时间的收缩中所揭示的，却是时间的延长。经验的力量打破了持续时间的魔咒，将过去和未来聚集到现在，那么，在令人讨厌的失眠夜，失眠得越久，就越会感到恐惧。生命坍缩为一个瞬间，不是因为一切都停了下来，而是因为一切都陷入了虚无，人在时间可怕的永恒面前醒悟到自己的卑弱无用。在时钟的嘀嗒声中，我们活着的时间长度听起来像是笑话。失眠一夜，如隔一瞬，时间在内在感觉还没有捕捉到它们之前就已经流走了，并汇入了无尽的瀑布中，宣告我们内在的体验就像所有的记忆一样，注定要在宇宙的黑夜中被遗忘。今天，人们对这一点有了深刻的认识。在完全无能为力的状态下，个人把他剩下的时间看作是短暂的缓刑。没有人指望能活到寿终正寝。每个人都面临着意外死亡和酷刑，这种预期像失眠的时间一样被拉长了，既担心活得比平均寿命短，又担心比平均寿命长，怎么都觉得不公平。也许社会可撤销地分配的生命配额已经用完了。这种恐惧会在时间的流逝中被身体记录下来。时间过得真快。

106　所有的小花

也许是让・保罗说过：记忆是没人能从我们身上拿走的唯一财产，这句话属于安慰人的废话。记忆主体无可奈何地隐退到内心世界，相信自己已经放弃了获得成就。在建立自己的档案时，主体把自己的经验作为财产，使之成为完全与自己无关的东西。过去的内心生活变成了家具，就像毕德迈尔风格*的每一件家具都是怀旧的。灵魂容纳其回忆录和古玩的内心是荒废的。记忆不能保存在抽屉和鸽子洞里，在记忆中，过去不可分割地与现在交织在一起。没有人能像让・保罗在他那令人生厌的句子中所赞扬的那样，以自由和自愿的方式支配记忆。正是在这些记忆变得可控制和客观化的地方，在受试者完全相信自己对它们有把握的地方，记忆就像精美的墙纸一样，在明亮的阳光下逐渐褪色。在遗忘所保护的地方，记忆才保持着力量，又像所有活人一样面临危险。这就是为什么柏格森和普鲁斯特的概念，即"当下即得"只有通过记忆的中介才能构成，它旨在与物化作斗争，兼有救赎和地狱的一面。没有一种早年经验是真实的，即使把早年经验当成是孤立存在的固定状态也毫无帮助，所以反过来说，也没有哪一种记忆能被保证为真实，它对拥有记忆者的未来漠不关心。过去并不是证据，即使为了对抗抗经验主义的此在而把记忆转换成了想象。一个人最幸福的记忆可以被后来的经历从本质上抹去。爱过的，背道的，不但伤害了从前的形

* 一种介于新古典主义和浪漫主义之间的过渡风格。

象，也伤害了从前。显然，当我们刚刚睡醒，有种令人心烦意乱的声调，某种在喜悦中带着隐隐约约的不真实感闯入了记忆，甚至把梦中的亲密变成了现在的距离。绝望带有不可挽回的意味，不是因为事情无法改善，而是因为它把过去也拉进了自己的漩涡。如果试图让过去不被现在的混乱所污染，那是愚蠢和多愁善感的。把希望留给过去吧，让它在灾难面前毫无防备，它将以不同的面貌出现。在绝望中死去的人终其一生都是徒劳的。

107　别再寻找我的心*

每一次的社交邀请对普鲁斯特来说都像是在念"芝麻开门"，让他得以重获新生。普鲁斯特继承了巴尔扎克对社交的痴迷，他带着我们走进迷宫，在那里，原始的流言蜚语向他传达着一切辉煌又黑暗的秘密，直到在他太过亲近和渴望的注视下，这些秘密变得索然无味、支离破碎。然而，他"徒劳"地专注于一个被历史谴责的奢侈阶层，任何资产阶级都可以算出这个阶层的奢侈程度，他荒谬地将精力浪费在挥霍者身上，这一切躲不过群众雪亮的眼睛。普鲁斯特用来描述社会衰落的结构，被证明是一种主要的社会趋势。在查勒斯、圣路易和斯旺身上失落的东西，就是整整下一代人所缺乏的，他们甚至不知道最后一位诗人的名字。颓废的怪诞心理学源于大众社会的消极人类学：普鲁斯特在描述即将降临到爱情头上的事情时过于敏感了。在资产阶级时代，爱情中只是部分接受的交易关系已经完全吞没了爱情。最后的直接性是一切缔约方与一切其他缔约方之间距离的受害者。在自我给自我赋予的价值中，爱变冷。爱得越多，爱得越错。这引起了情人的怀疑，男人的感情游移不定，既渴望占有又渴望毁灭。普鲁斯特在《追忆似水年华》中写道："与爱人的关系可以只是精神上的，贞洁与肉欲都不能动摇。在热恋的时候，你来我往的游戏就变得可笑。他们的关系越来越近，不停地写信，迫切地想要约会。如果她拒绝了，他就会陷入绝望。

* 波德莱尔《恶之花》中的诗句，原标题为"Causerie"，为玛丽·多布伦小姐而作。

从这一刻起，她意识到，如果自己能提供的只是友谊和陪伴，那么对于一个已经不抱希望的人来说，她要是答应对方就会引起误会，因为她不可能给对方更多的东西。她会耐心地等，直到男人再也忍受不了，准备结束这场游戏，然后她就能让一切回归最开始的状态。……女人本能地预感到这一切，因为她知道，如果一个男人很坦荡，一开始就好不隐瞒自己的欲望，那么她就可以奢侈地永远不把自己献给他。”年幼的摩利的情人又高又壮，可他更厉害。“他总是通过拒绝来保持优势，也许只要知道自己是被爱的那一方就足够了。”巴尔扎克《朗格斯公爵夫人》中的自私动机在后来的作品中已经变得很普遍。周日晚上，无数汽车开回纽约，每辆车的品质都要配得上坐在车里的女孩的魅力。社会客观的解体在主观上表现为情爱冲动的减弱，自我持存的单子不再能够聚为一体，就像物理学中的宇宙大爆炸理论一样，人类本身也是如此，聚变比裂变需要更高的条件。被爱的人比施爱的人更冷漠，如今已成为大众文化中公认的一种习俗，而爱人“贪得无厌的欲望”则对此作出了回应。卡萨诺瓦说，女人没有偏见，他的意思是没有任何宗教习俗能阻止她献出自己；没有偏见的女人也不再相信爱情，她不会上当去投入超出期望的回报。被假定是一切混乱源泉的性爱，已经变成了早先由克制所构成的错觉。由于对生活的安排不再允许有娱乐的时间，取而代之的大力发扬人的生理功能，失去压抑的性爱是去性爱化的。真的，人们不再需要嗑药，只需告诉他们事后一定会有补偿，而这笔补偿可以当作多余的储蓄。

108　蜥蜴公主*

缺乏想象力的女性激发了男性的想象力。那些拥有最动人躯体的明星,完全是形而下的。她们的魅力来自对自己的一无所知:奥斯卡·王尔德用斯芬克斯这个并不神秘的名字称呼她们。她们越纯洁,越不被自己的任何冲动所干扰,就越接近譬如普蕾齐奥莎、佩雷格里娜、阿尔贝蒂娜**这些典型形象,她们传达出个性化的虚幻感,而且一定会一次又一次地让人失望。她们过着图示般的生活,或者说,像是一直在过节的小孩,但这不是在评价她们贫乏的经验。斯托姆在童话故事《木偶艺人保尔》中作了更深层的理解。弗里西亚男孩爱上了巴伐利亚旅行艺人携带的木偶姑娘。"我终于转过身,看见她穿着小红裙子朝我走来。真的,是那个小木偶演员;尽管她的衣服褪了色,但她似乎笼罩在童话般的光芒下。我鼓起勇气对她说:'莉兹,你想去走走吗?'她用乌黑的眼睛不信任地看着我。'走走?'她慢慢地重复着,'好呀——你可真是个好人!''那么你想去哪儿呢?''那就到布店去吧!''你是想给自己买件新衣服吗?'我尴尬地问。她放声大笑:'快出发吧!买什么衣服呀,那儿只有些破布烂衫!''买破布烂布?''当然啦。我只需要几块破

---

* 在北德的民间传说中,某位公主过于爱慕虚荣,被魔法师变成了蜥蜴。其现代版本可参见《阿卡迪亚史:蜥蜴公主》,托德·戴维斯著。

** 普蕾齐奥莎,皮乌斯-亚历山大·沃尔夫同名戏剧(1821年)的女主角;佩雷格里娜,爱德华·莫里克爱情诗的主题,最初出现在他的小说《马勒·诺尔滕》;阿尔贝蒂娜,普鲁斯特小说《追忆似水年华》中叙述者的情妇。

布给木偶做衣服，花不了几个钱！'"贫穷迫使莉兹只能穿着破衣烂衫，尽管她自己也想要别的东西。总之，她认为任何没有实际理由的事情都是古怪的。在想象中，贫穷是一种罪过。衣衫褴褛只有对旁观者来说才有魅力。然而，想象力需要这种贫穷，这样想象力才能施展，它所追求的幸福铭刻在苦难中。萨德笔下的贾丝汀，这位"有趣的女主人公"，总是经受完一种受虐就转向另一种受虐。同样，总是挨揍的梅娘则被称为"有趣的孩子"。做梦的公主和挨鞭子的女孩是同一个人，她什么都不怀疑。南北方关系中也有这种痕迹：富裕的清教徒徒劳地试图从外国黑发居民手中接管他们所控制的世界进程，不仅这帮人不接受，连流浪汉也不配合。久坐不动的人羡慕游牧的生活，向往牧场，而画出的马车是一幢装着轮子的房子，沿着星星的轨迹前进。这种不安分的、短暂的求生欲断断续续地出现，它代表着未被扭曲的东西，喊着要去满足，但又无法满足，因为它明明在内在规律上与自我持存相似，却虚伪地承诺要从中解脱出来。这就是为什么资产阶级对天真性的怀念总是周而往复。那些生活在文明边缘、连在日常需求的问题上都不能由自己决定的人，他们的失魂状态既吸引人又折磨人，对那些衣食无忧的人来说，成了灵魂的阴影，而文明已教导他们要以灵魂为耻。对于失魂者来说，爱是灵魂活生生的密码，因为生活是他们拼命想要保留的剧场，这种剧场只能在失去它的人身上发挥作用。只有在没有爱的时候，灵魂才会在爱中显现。人之表现，正在于人类的眼睛与动物眼睛最相似之处，它们是生物性的，处在自我反思所不能及的角落。最后，灵魂本身就是失魂者对救赎的渴望。

109　无益的美*

美貌出众的女人注定不幸福。那些被各种环境所偏爱的人，她们家境、财富、才华兼备，却似乎被一种冲动所困扰，总想毁掉自己，以及所有人际关系。神让她们在灾难中做出选择，要么牺牲个人幸福，凭借美貌获得成功（爱情是害人的，到头来人生只是一场空）；要么天生丽质难自弃，从不向等价交换的命运低头。她们对别人许诺的幸福较真，对自己却不如此，因为不需要先证明自己的价值就能得到别人的赞赏。她们年轻时可以尽情挑选，她们也只能挑来挑去：一切都可以随时更换。她们早早结婚，不假思索地投身于平凡的生活中，丧失了无限可能的特权，向人类的法则屈服。与此同时，她们仍抱着一种无所不能的幼稚梦想：是生活欺骗了自己——在这一点上，她们不是资产阶级——明天还有可以更换的更好的生活。因此，她们在性格上具有破坏性，仅仅因为她们曾经是众星捧着的月亮，现在被冷落了，所以变得越来越暴躁。生活已经翻过一页了，却仍然留下了过去的痕迹，只有当希望不再，爱的魔法也就消退，她们终于向家庭生活认了命。但她的抵抗也使自己成为一个受害者：她服从于自己曾经属于的那个高高在上的阶层。她的慷慨受到了惩罚，堕落和强迫症都是她为幸福所作的牺牲。无益的美成了存在的可计算元素，成了对不存在的生活的替代品，而且从

* 莫泊桑最后一部短篇小说集的名字，1890 年出版。

此再也不是什么其他的东西。她已经打破了幸福的诺言,但又为这个诺言保留了一丝微弱的灵韵,在灾难中,她才重新被那丝灵韵照亮。启蒙的世界就是用这种方式完全吸收了神话,启蒙者的戒备心比神更长久。

110 康斯坦丝*

资产阶级社会处处坚持发挥主观意志，只有爱是不由自主的，而是纯粹的、直接的感觉。资产阶级的爱情观超越了资产阶级社会，因为对爱情的向往意味着分散工作精力。但是，把真理直接建立在普遍的谬误之中，就会把前者歪曲成后者。爱不仅仅是纯粹的感觉，到目前为止，在经济的特定体系内，这种纯粹的感觉仍有可能成为社会统治的托词，从而为不存在的人性作证。爱情不是不由自主的，就算一开始不明确，但如果把不由自主确立为一种原则，就会对社会整体产生影响。如果爱要向往一个更好的社会，它也不是一块和平的飞地，而只能有意识地反对现存社会。然而，这恰恰要求有一种自主的元素，而对资产阶级来说，爱情永远不可能是自然的。爱意味着不让直接性在无处不在的中介和经济学的重压下枯萎，而忠诚本身就形成了一种顽固的社会反作用力。只有有能力紧紧抓住爱的人才会去爱。虽然社会优势被升华了，预先形成了性冲动，利用秩序所允许的千变万化的细微差别，现在这个人似乎自然而然地有了吸引力，但曾经被激起的一种依恋却反对这一点，因为社会的作用，在所有的阴谋发生之前，总是先让这些阴谋得逞，而这些阴谋又总是要得逞。它是一种感觉的测试，它是否超越了通过永恒的感觉，即使它是痴迷。然而，爱，以不加反思的自发性为幌子，并以其所谓的正直而自豪，它完全依赖于它所需要的心灵的声音，

* 莫扎特歌剧《后宫诱逃》的女主人公。

101　温室植物

关于早熟者和晚熟者的讨论似是而非，总是非要涉及早熟者的死亡意愿。早熟的人生活在各种期待之中。他的经验是先验的，是一种直觉式的情感，是通过图像和文字中感受事物的人要到后来才会意识到的东西。对预期本身的预期已经饱和了，它从外部世界中抽离出来，给它与外部世界的关系注入了神经质的嬉闹色彩。如果早熟的人更聪明、更灵巧，他就被迫不断配得上自己的才华，普通人喜欢把这种被动性添加道德意味的装扮。痛苦的是，早熟的人必须赢得与物之间的关系，赢得被他的想象占据的空间，甚至必须学习受苦。在所谓的晚熟者中，与非我的接触几乎从不受到来自内心的干扰，这对早熟者来说却是一种迫切的需要。晚熟者通常是自恋的，他们所具有的丰富想象力推迟了成熟。直到后来，在经历了暴力、情景、恐惧和激情之后，这些在想象中已经大大软化了的东西与自恋相冲突，变成了一种吞噬一切的疾病。因此，他又回到了他曾经不费多大力气就能摆脱的孩子气，而这种孩子气现在已经付出了代价；成熟的人变得不成熟，而成熟的人则是那些在每个阶段都由期望所塑造的其他人，他们当然也是幼稚的，他们现在发现不可原谅的力量在早熟的人身上获得了不成比例的优势。他被激情击倒；他在自给自足的舒适区中沉睡了太久，无助地在他曾经建造过空中桥梁的地方打转。早熟儿童在书写方面的幼稚特征并不是一个空洞的警告。因为早熟是对自然秩序的一种刺激，健康学大肆宣扬威胁早熟带来的危险。社会也不信任这些早熟的人，认为他们的存在否一旦它认为再也听不见那声音，它就会逃跑，而这种至高无上的独立恰恰是社会的工具。在不知情的情况下，它是被动的，它记录下在利益轮盘赌中出现的任何数字。背叛所爱的人等于背叛自己。社会所要求的忠诚通向的绝不是自由，但只有通过忠诚，自由才能不用服从社会的命令。

111　腓利门和博西斯*

一家之主让他的妻子帮他穿上外套。她殷勤地履行着这份爱的义务，在他背后用脉脉的眼神说着："我还能做些什么呢？让他享受他的小小快乐吧，男人不过如此。"父权制婚姻对一家之主进行了报复，妻子是包容和体贴的，而丈夫则自怨自艾，这已经成为一种定式。在欺骗性的意识形态里，男人被塑造成高级的人，私下里又有另一种欺骗性的意识形态，认为男性低人一等，是受到摆布和欺瞒的牺牲品。"妻管严"的称号只是个影子，正面上丈夫不得不出去面对充满敌意的世界。妻子怎么狭隘地看待丈夫，孩子们也会用同样的方式评判成年人。在大男子主义和小事都做不好之间，存在着某种荒谬的东西。所有成双出现的夫妇总能制造笑话，而做妻子的也总是通过耐心的理解试图弥补。凡是结了婚的女人都会小声嘟囔丈夫的小缺点。假意逢迎会引起恶意，而在消费领域，谁控制商品谁就占主导。黑格尔的"主人与仆人"辩证法一如既往地适用于古老的家庭秩序，而妻子不合时宜地执着于此又强化了这种辩证法。作为一个受压抑的女族长，她在自己提供服务的地方成为了主人，而出现在这个场合里的男族长似乎只是充当一个漫画般的角色。这种在不同时代都生效的辩证法，用个人主义者的话说，就是"两性之战"。但双方都犯了错误。丈夫的权力建立在他的金钱收入之上，而这一切都是人为的价值。妻子在为丈夫祛魅的过程中，也揭露了婚姻的虚假，她只能在婚姻里寻求自己的全部真相。没有社会的解放就没有女性的解放。

* 奥维德的寓言故事《腓利门与博西斯》中的夫妇。

112　糖衣炮弹

庸俗的德国自由贩子们总是为那首关于神与舞女的诗*引以为豪，在诗的结尾，神把跳入火海的沦落孩子拥入怀中升上了天庭。公认的宽宏大量是不可信的。它充分采纳了资产阶级对贪恋的判断；只有当这个可爱的赎罪对象是一个不检点的人，恐怖的魔法才能达到仁慈的父的理解与宽恕之效果。优雅的行为与使之变成幻觉的残留联系在一起。为了得到救赎——让救赎看起来是值得的——女孩允许自己参加“卧榻上的庆典”，“不为求赏，不为求欢”。那又是为了什么呢？并不是强加在她身上的纯洁爱情，打断了歌德用笔创造出的魔力，确切地说，甚至连诗歌后半段人们开始谴责舞女，也不能消除这种魔力。但是，把她变成那种只有一次机会忘记自己身份的好人，这是很有必要的。舞女要成为人类的保护神，首先必须不再是人类用来吹嘘其耐性的舞女。诸神喜悦于忏悔的罪人。神走到最后一所房子所在的区域，是一种形而上的贫民窟，这里充斥着父权制的卑鄙作秀，它总要把自己吹得膨胀两倍，先是把男性女性在本质上的差别扩大到无法估量的程度，把这种自导自演的差别当作至善，然后把能够将差别消除的全部力量掩藏起来。资产阶级需要舞女，不只是为了求欢，因为在这个问题上他总是感到不满足，更多的是为了感到自己就是神。他越靠近神的领域，越忘记自己的尊严，父权的仪式就越明目张胆。黑夜自有其乐，舞女却被火烧。烧剩下的就是理念。

---

* 歌德的诗《神与舞女》。

113 扫兴的人

朴素心理学指出，禁欲主义与酗酒之间具有亲缘关系，而圣人与妓女之间的爱恨关系也能从中找到客观依据，因为禁欲主义比文化的分期支付更能实现权利。在一个本质上要求比给予多的社会中，贪图享乐当然与社会纵容脱不了干系。但也存在着一种对享乐的不信任，这种不信任源自直觉，即在这个世界上，享乐是不存在的。在叔本华的哲学建设中就表达了这种直觉。从肯定性意志向否定性生活意志的转变是通过发展这样一种思想来实现的，即对意志的每一项限制“阻碍了意志自身与最终目标的实现，会让意志受苦；反之，满足目标就能获得幸福”。根据叔本华的洞见，“受苦”常常会严重到这样一种程度，以至于人们很容易想要去死，而“满足”的状态本身并不令人满足，因为“一旦需要和危险给人喘息的机会，无聊就会如此之近，以至于放松成为一种迫切的需要。使所有生物生生不息的是对生存的追求。然而，一旦生存得到保障，他们就不知道该怎么办：因此，促使他们行动的第二种力量是努力摆脱生存的负担，使它变得难以察觉，于是他们只能通过‘杀时间’来摆脱无聊。”无聊的概念上升到如此出人意料的高度——这也是叔本华的反历史思想所承认的——在资产阶级中长盛不衰。无聊是异化劳动的补充，是与之相反的“自由时间”体验，这或许是因为后者存在的目的仅仅是恢复在异化劳动中所消耗的精力，或者是因为相对于异化劳动的比例，它就像是对下一步异化劳动的抵押品。自由时间是对生产节奏的反思，生产对主体施加了与主体自身相异的节奏，即使在令人厌烦的停顿中也强制维持着。想要意识到存在的不自由是不大可能的,人毕竟要讨生活,也就是说,不自由的生活本身是造成人无法意识到不自由的根源。只有在能自由地歇口气的关口,人才能意识到这种不自由。周末想念朋友可不是向往上班,而是向往从工作日中解放出来。人们对周末不满意,不是因为不上班,而是因为没能好好休息,就像对英国人来说,星期日从来不像星期日。时间总是越熬越漫长,失望地发现前后两天之间没有连续性。然而,对于那些不需要工作的人来说,无聊在本质上没有不同。社会作为一个整体,把当权者对他人所做的一切悉数返还,而禁止别人做的事情,他们也不会允许自己去做。资产阶级理解什么是满足感,它类似于极乐,是用来骂人的。有人在挨饿,意识形态却说,全体温饱是老百姓的想法。所以资产阶级窝里斗了起来。他们自己不工作,却禁止赞美懒惰,而懒惰的另一个名字是无聊。叔本华在穷人的劳碌中暗示了,与穷人无用的劳碌比起来,富人的无聊令人反感,因为这就是一种显摆,根据历史的状况来看,显摆要么是为了增加社会距离,要么就是通过炫耀来拉近距离,让穷人看到上位者比他们更有价值。如果上位者真感到无聊,那不是因为他们享受了太多的幸福,而是因为他们感染了普遍的痛苦,染上了商品性质,把娱乐看成是愚蠢的。他们感到无聊,因为只有从发号施令中才能体验快乐,因为害怕自己成为多余的人。任何一个从利润体系中获益的人,都可能为生活在这个体系中而感到羞耻,这甚至扭曲了未被剥夺的快乐,尽管哲学家们的过分嫉妒,有时可能并不像他们向我们保证的那样令人生厌。自由实现的时候,无聊会消失,从文明中吸取的许多经验给了我们相信的理由。“动物在性交后普遍抑郁”是资产阶级为藐视人性而编造出来的,却没有哪句话比这句更能区别人性与兽性。伴随着恶心感出现的不是狂喜,而是社会认可的爱情:用易卜生的话来说,爱情是黏糊糊的。深沉的情爱将疲倦转化为温柔的请求,短暂的性无能被理解为完全与激情无关的偶然。波德莱尔不无道理地把情爱的束缚和精神性结合起来,并把恋人间的接吻、气息和聊天称为同样不朽的东西。春宵苦短是禁欲主义的主要支柱。在托尔斯泰的《克鲁采奏鸣曲》中,不管怎样用教义对性横加谴责，那些大道理也无法完全消除床笫间的回忆。他反对感官之爱不仅是出于克己的神学动机，它会摇身一变不许任何人把他人作为对象——因此实际上是一种对父权统治的抗议——而且同时也是一种对资产阶级畸形的两性形式的关注，这种关注与各种物质利益暗中交织在一起。对婚期的反感情绪会因为要拍婚纱照而升级，因为婚期跟“新郎”这个词太像了。“除此之外，还有一个令人讨厌的习惯，那就是吃巧克力，各种各样的甜食都会使人肚子胀胀的，到处都是令人作呕的婚礼准备工作。没完没了讨论的就是怎么安排住宿，怎么布置卧室、床，选择家居服和睡衣，选择亚麻布料和盥洗用品。”无独有偶，度蜜月也八九不离十，最后要是去一个被夸大其辞、其实压根不感兴趣的露天游乐场，就更觉得失望了。与其说是筋疲力尽导致了反感，不如说是因为婚姻的快乐具有制度性的、被允许的、被同化的特征，秩序的虚假内在性为其赋形，并告诉人们婚姻不过是爱情的坟墓。这种反感如此强烈，以至于宁可完全放弃获得至福，也不愿违背自己的原则。

114 鸡血石

当有客人要来家里住时，孩子们会表现出比圣诞节快到了更强烈的期待。并不是因为他们会收到礼物，而是礼物的转化形态。如果是位女客，当她打开行李箱让孩子们观看时，会先把香水放在抽屉柜上，这种香水的气味似曾相识，尽管孩子们是第一次闻到。挂着苏维塔之家和麦当娜·迪·坎皮格里奥酒店标签的箱子里装着阿拉丁和阿里巴巴的珠宝，用贵重的织物包着——客人的和服——它们经由瑞士和南蒂罗尔用大篷车运来这里，一路上静卧在轿子里沉思。就像童话故事中的仙女与孩子们的对话一样，客人也大大方方地和孩子进行了严肃对话。孩子问了一些关于国家与人民智慧的问题，这不是她在日常生活中所熟悉的话题，她只看到孩子的眼中闪着光，于是只好拿腔拿调地讲起了自己姐夫的大脑软化和侄子的一件婚姻纠纷。这个孩子觉得自己一下子就被大人强大而神秘的联盟接纳了，这个联盟是智者的魔法圈子。随着时间的推移——也许明天他可以旷课——两代人之间的界限也被取消了，而那个在11点钟还没有被送上床睡觉的男孩将来也有可能私生活混乱。这次访问使星期四成为了一个节日，在喧闹的气氛中，一家人似乎正和全人类坐在一起。客自远方来，她的出现让男孩看到一个超出家以外的世界，提醒他家不是终极的。孩子渴望投入未知的欢乐中，他将慢慢学会怎样征服火蜥与鹳鸟之地，里面满是可怕的黑人，他们是想掳走孩子的魔鬼——他在这里重新发现了没有恐惧的欢乐。在小伙伴里，他呈现出了完全不同的面孔。这位从前门进来的、会占卜的吉卜赛人，通过女访客的拜访得到了赦免，变成了一个救赎天使。从亲密无间的喜悦中，她消除了诅咒，把它发配到最远的地方。因此，孩子终其一生都在等待，今后他也必须等待，出现一个没有忘记什么是童年中最美好的事情的人。爱情会计时，直到客人跨过门槛，不知不觉地，他日渐灰暗的生命恢复了光彩："我又从无尽的世界中回来了。"*

* 来自德国诗人莫里克(Eduard Mörike，1804—1875)的诗句。

115 坦白交代

要想知道一个人是否对我们有好感，有一个几乎是绝对正确的标准：他如何对我们发表不友善的评价。通常这种评价都是多余的，只不过是打着善意的幌子散布恶意。正如熟人之间会时不时地说一些损人的话，这可能部分因为他们害怕彼此的亲密变淡，所以与此同时每个人都对他人的观点又很敏感，甚至在自己不感兴趣的人身上也暗自渴望被爱。人与人之间既无差别地相互疏远，又总想要打破这种疏远。在这种氛围中，生命中的过客越来越多，这本无所谓，但要知道，那些希望被所有人喜欢的人总是热衷于寻找讨厌他们的家伙。只有当诋毁直接威胁到共识，威胁到人们必须依赖谁的评估，例如与谁合作时，他们才出来主持公道。说者越是无心，或者说目的越模糊，听者扭曲的欲望就越会产生痛苦。如果说者只是想引发冲突，同时炫耀自己的才华，那么倒是伤害不大。然而更常见的情况是，他会被任命为公众舆论的代言人，他冷静客观的态度让受评者觉得必须服从于这种匿名的巨大力量。他不关心对方的名誉，却不知道自己才是受伤的那一个，因为身正不怕影子斜。但只要这些价值观是由我们这个扭曲世界的格瑞格斯*所创，扭曲就会继续增加。道德热情的结果是，强加的善意与恶意没有区别。

---

* 易卜生寓意剧《野鸭》中的主角。

116 听听，他太坏了*

那些在突如其来的大灾难中冒着生命危险的人，常常说他们当时出奇地无所畏惧。一般的恐怖不会具体地影响到他们，而是仅仅把他们作为城镇的居民，作为一个大协会的成员来产生影响。他们接受了一种偶然的、可以说是无生命的命运，仿佛一切与他们无关似的。从心理学上讲，不害怕的原因是面对毁灭性打击缺乏准备。自由在某种程度上受到了损害，变成类似冷漠的东西。精神有机体就像物质有机体一样，是与自身相关的一个数量级体验相协调的。如果经验的对象不成比例地增殖以至于超出个体极限，人就不算真正拥有经验，而是直接把它登记在与直观知识相分离的概念中，变成一种外在的、不可衡量的东西，个体对经验就像对待灾难一样漠不关心。在道德领域也有类似的情况。如果一个人的行为方式被公认为是极其错误的，比如向敌人报复或拒绝怜悯，那么他就不会感到内疚，只有很努力才能唤起这种感觉。这与国家的理性原则，即道德与政治的分离不无关系。公共事务与私人存在的极端对立也是同样一回事。对个人来说，重大犯罪很大程度上只是对社会规范的一种侵犯，不仅因为它所冒犯的规范本身就是传统的、僵化的、对活着的主体没有约束力的，而且因为它们如此客观化，即使有潜在的实体，也使它们与道德神经和良心保持着一定的距离。然而，一想到粗俗，想到这种微不足道的罪过——在社交场合，某

---

* 《蓬头彼得》中的台词。

人早早上了桌，或者在茶会中，往客人的座位上贴名牌——这种蒜皮小事却足以让犯错的人懊悔不已，有时他甚至羞得不敢承认。害臊并没有什么特别高贵之处，因为社会并不反对不人道，反而更不能忍受不得体。一个男子不让情妇在自家过夜，就能得到社会的认可，而如果一个人在一个关系要好的姑娘的手上恭敬一吻——一个小姑娘——却会招来嘲笑。极度自恋的忧虑有第二个方面：从客观秩序中获得经验的避难所。主体可以通过对这些细节的测试判断对错，看看他们是否有能力做出正确或错误的判断。但主体也因此在道德上负疚感很淡，因为他意识到，个人的决断能力会随着对象的维度而增强。如果一个人和女朋友闹掰后就再没给她打过电话，他觉得是真把她抛弃了，那么他的想法有点可笑，这听起来像《波尔提契的哑女》* 中的剧情。我们在埃勒里·奎恩** 的侦探小说中读到："谋杀案总是非常具有新闻性。这些事情不会发生在你身上。但在报纸上或侦探小说里读到这些时，你会感到厌恶或同情。其实它们跟我们完全没关系。"因此，托马斯·曼等作家描述了一些具有新闻价值的灾难，从铁路事故到被抛弃女孩谋杀案，荒诞地将庄严的葬礼中发出的笑声变成了诗歌主题，从而驱散笑声。相比之下，最小程度的冒犯是如此重要，因为在这些冒犯中，我们既可以是善，也可以是恶，即使我们的严肃态度有点自欺欺人。但是，当我们脸红的时候，从我们的皮肤上就能感觉到道德的存在，并把它同化成一个主体，而这个主体就像仰望星空一样无助地注视着自己内心的巨大道德法则，而星空只是一个拙劣的模仿对象。这类事件在本质上可能是不道德的，而自发的善意冲动和没有醒世恒言的人类慈悲毕竟也会发生，所以不至于礼崩乐坏。因为善的冲动，即不关心异化的冲动，可以直接表达一般的东西，但它却很容易表明，主体是与他自己相异化的，只是他想象自己是一个很好的人的那些戒律的代理人。反之，

---

* 《波尔提契的哑女》一出法国大歌剧，丹尼尔·奥柏所写。

** 埃勒里·奎因是美国推理小说家曼弗雷德·李（1905—1971）和弗雷德里克·丹奈（1905—1982）表兄弟二人合用的笔名，也是二人小说中虚构主人公的名字，角色本身也是一位侦探小说作家兼超级侦探。

如果一个人的道德冲动是完全外在的,是对世俗的拜物教,那么他就能在内外之间不可逾越的分歧的痛苦中,牢牢地抓住这种分裂,而不牺牲自己和自己的经验的真理。他强调差距的目的在于和解。此外,偏执狂的行为也并非完全没有根据。在他反复思索着要注意的社交礼仪方面,虚假生活中一切难以触及的问题又重新出现了,他不得不固执地与整体相抗争,但不同的是,在这里,触及不到的冲突可以用范例的方式、严格的方式和自由的方式来解决。另一方面,如果一个人对社会现实的反应是一致的,那么他的私人生活就会随着对权力关系的评估而变得不定型。每当他逃避外部世界的监督,并且在扩大了的自我范围内感到自在时,他就变得冷酷无情。靠近他的,他要报仇,就是远离他的,也要报仇。对外面的世界,对客观存在的敌人,他表现得彬彬有礼,但在友好的场合,他却冷酷无情,充满敌意。在自我持存的文明不把文明强加于人类的地方,他肆意宣泄着愤怒,驳斥有关家庭、家族和社会的意识形态,正是在这一点上,他与微观逻辑上的道德短视进行了斗争。偏执狂从人们熟视无睹的细节中发现,一切不过是权力的借口,是为了迎合我们内心欲望而表现出的友善。他将亲密的领域置于批判的审视之下,因为亲密关系违反了作为主体所具有的不可估量的灵晕。通过认识到与邻人之间的距离,陌生感减轻了,成为意识的一部分。然而,从一开始就假定存在着未减少的亲近,而对陌生感的断然否认,是另一种极端的错误,实际上否定了人作为一个特殊的存在,因此当人性把人"计入考量范围",只是把人列入人性的财产清单中。颠倒的直接性,是对自身的一种定位和巩固,社会的不良中介性是一种隐伏的断言。现在只有经过最谨小慎微的反思,才能找到直接性的原因。

117 主子与奴才

威权文化强加给亚文化的那些不需要动脑筋的任务，只会反复地回到威权文化。亚文化的毫无形式恰恰是社会形式的产物。然而，由文化产生的野蛮人总是被文化用来保持自己的野蛮本性。支配者把它所依赖的暴力委托给被支配者。由于被允许以集体同意的、恰当的方式锻炼扭曲的本能，他们学会了做那些高尚的人为了继续宽容他们的高尚而需要做的事情。如果压迫者不通过从被压迫者中雇一批人来服从他们的一部分压迫，那么统治集团的自我教育，连同与之相伴的所有纪律，包括对自发性冲动的压制、愤世嫉俗的怀疑主义和对发号施令的盲目渴望，都将是不可能的。毫无疑问，这就是为什么不同阶层之间的心理差异远远小于他们客观存在的经济差距。调和不可调和者有助于让坏的总体性永存。上级的卑鄙无耻与下级的自命不凡旗鼓相当。佣人和家庭女教师用来折磨着上层阶级孩子的手段是向他们展示生活的原貌，而来自韦斯特林山的教师则彻底消除了语言中的外来词，同时消除了语言的全部乐趣，然后无论是当官的还是员工都排着队，士兵们踩在他们身上，这条路通往盖世太保的酷刑和毒气室。上层社会为了迅速表现出同情，就把权力下放给下等人。被父母的良好教养吓到的人会躲进厨房，享受烹饪的快乐，这种快乐暗地里反映了父母良好教养的原则。高雅的人会被不高雅的人所吸引，他们粗俗的外表会给人一种他们自己的文化所否认的感觉。对他们来说，无法无天的低贱下流只不过是他们竭力抗拒的冲动所产生的一种反作用。究竟是团结上层阶级，还是做下层阶级的代表，这种犹豫是对穷人的一种合理的负疚感。这个叛逆者已经就位，他感受到存在的核心是“存在是如何完蛋的”，最后他自己也成了其中之一。布鲁诺·贝特尔海姆*对纳粹集中营受害者及其刽子手身份的观察，暗示着这是社会园艺学、英国公立学校和德国军事学院的一种高级管理方式。世界颠倒了个儿，却因此而能保持不变，因为恰恰是奴才在宣示着主子的力大无边。

* 布鲁诺·贝特尔海姆(Bruno Bettelheim，1903—1990)，奥地利出生的心理学家、作家，布痕瓦尔德集中营幸存者之一。

118 沉　　沉*

工作遇到瓶颈，人与人之间才建立起了私人关系。即使是最小规模的群体中，人际关系也遵循着短板定律。在谈话中有意盖过他人是不妥的。从人性的角度考虑，聊天就只能谈一些明白无误的废话。世界使人哑口无言，真理掌握在不讲理的人手中。求道之人只能保持沉默，退求诸己。这就足以让对方陷入恳求的语气，巴巴地上门，这对沉默者来说是不利的。人言可畏，它让聪明人变成糊涂蛋，而真正的糊涂蛋听风就是雨。凡事往好处想是一种向下拉的万有引力。它拒绝往坏处想，从而显示出优越性。如果不愿意人性被拉到同一水平，就必须用最细致的关怀去观察那些最不体贴他人的家伙，后者不会被意识的不安所困扰。智力衰退越来越普遍，它被认为是一种具有生命力的标志。官僚用来解决问题形式主义方法，是把一切不可分的事物分开看待，在没有任何证据的情况下，墨守成规地乱下结论。简而言之，就是把一个失败的、未成形的自我的每一个特征具体化，把它从经验的过程中抽离出来，最后得出结论说"我就是我"，硬生生把统一的事物掰成两半。这种人看到别人的都是缺陷，看到自己的都是优点。大声宣告自己缺陷的行为泄露出他们有这样一种意识，即现阶段客观精神是对主观精神的扬弃。在他们学会顶天立地做人之前，一直是四脚着地的畜生。

---

* 舒伯特创作的一首钢琴伴奏独唱曲的标题。

119　美德的范式

世人皆知，压抑和道德之间的联系是一种本能的克制。但道德不仅压抑其余的理念，也是它们的来源。自荷马以来，希腊语中就把善良和财富的概念交织在一起。人道主义者认为占有欲旺盛的奥卡加西娅是现代社会审美与道德和谐的典范，亚里士多德在《政治学》里则公开承认内在价值与社会地位的融合，将高贵定义为“世卿世禄”。古典时期在“城邦”这一概念中，将内在与外在、个人地位和自我融为一个整体，使人们有可能在不引起歧义的情况下，将道德级别变成财富。如果对现存状态的可见影响力是衡量人的标准，那么就得承认物质财富对人的性格也产生了影响，正如黑格尔在其晚期哲学中说过同样的话，道德实体是通过对客观社会现实的参与而构成的。基督教的出现首先否定了这种认同，它认为让骆驼穿过针眼比富人进入天堂更容易。但神学对贫穷的特别重视表明，人们的意识是如何深深地打上了与财产相关的道德烙印。固定财产是区别于游手好闲的一种形式，所有规范都是针对游手好闲的；从一开始，善良和拥有商品就是一回事。好人就是像管理自己财产那样管理自己的人：他的自主存在是建立在物质权力的基础上的。因此，富人不应被指责不道德——这种指责一直是政治压迫的一部分——恰恰相反，对其他人来说，富人代表着道德。在这个关系中才能对商品进行反思。作为善的财富是世界这座大厦的一块水泥：这种幻觉阻止人们去正对道德观念中的秩序，在道德秩序中，富人总是对的，同时，除了那些源自财富的道德概念之外，人们不可能设想出其他具体的道德。个人与社会在后来的利益竞争中分化得越厉害，个人越是只能靠自己，他就越固执地坚持道德的本质是财富。一切将证明，财富有可能把人分裂的内在与外在重新统一起来。这就是世俗禁欲主义的秘密：商人的兢兢业业——被马克斯·韦伯错误地夸大了——成了愈显主荣。物质上的成功把个人和社会连接起来，不仅是因为富人可以摆脱孤独，而且是更为根本性的：如果盲目地、孤立地追求个人利益，那么，经济力量就会占据为社会主导地位，并表现为统一一切原则的化身。富人或拥有财富的人认为，作为一个自我，他"主动地"取得了成就，这是一个由残酷的经济不平等原则维系在一起的社会的客观精神和真正非理性的宿命安排。因此，富人可以声称自己是善良的，而实际上，这只是善良缺失的表现。谁都认为他是普遍原则的实现者。邪能压正，这是由社会赖以繁衍生息的法律的最高威力所支持的。个人财富与史前社会的进步是分不开的，富人控制着生产资料，因此，社会作为整体参与的技术进步主要归因于"他们的"——用今天的话说，工业的——进步，而福特汽车似乎特别适合作现有生产关系先进性的证明。预先建立的特权使富人们看起来像是放弃了属于他们的东西，也就是说，使用价值的增殖，而他们实际上是通过恩威并施，只让一部分利润流回了生产利润的地方。因此，道德等级制度具有欺骗性。当然，贫穷总是被美化为勤俭节约，这是一种获得财富的社会条件，在这种社会条件下，道德得以体现；然而，正如我们所知，"一个人的价值"取决于他的存款余额，而在德国商界行话中，"能手"意味着可以支付。然而，一个无所不能的经济体之所以如此冷嘲热讽地承认这一点，其原因却与个人的行为密不可分。富人所能承受的私人慷慨是围绕在他们身上的光环，部分地反映在他们身边的人身上，所有这些都有助于掩盖他们的欺骗。他们仍然是好人，财富使人免受公开的不公正待遇。当警察用橡皮警棍殴打罢工者时，工厂老板的儿子却可以和一位进步作家一起喝威士忌。无论个人的道德欲望多么强烈，即使是对最高尚的人来说，有钱也比没钱好。诚然，这种可能性在现实中被忽视了，但它在那些没有这种可能性的人的意识形态中发挥了一定的作用：即使是 223

骗子都可能比合法公司的老板更受欢迎，在被捕后也因为拥有一间牢房而获得良好的声誉，而高薪高管通过丰盛的晚餐来获得人性温暖。因此，今天野蛮的成功学与道德是相悖的，是西方世界在道德上的返祖。谴责当今世界的准则本身也是其罪恶的产物。道德以不道德为蓝本，时至今日，它已遍布在各个层面。奴隶道德的确是坏的，因为它仍然是奴隶主道德。

120　玫瑰骑士*

至于那些优雅的无良商人，他们一边享受着私生活，以为凭自己的地位已经不需争胜的欲望，而且还期待着从底层那里得到满足。人们想象他们具有冒险性的思维，不慕荣利，反应老练，并且相信他们的感性一定会在看到自身特权的残忍来源时而退缩，而特权的受害者却不可能觉察到是什么使他们如此。穷人受别人的约束而不能思考，富人受自己的约束而不能思考。此外，统治者的思想和态度也十分透彻，完全超前于宗教。上流社会正在把文化变成一种可以炫耀的东西。一个人的智力和受教育程度被当作适合被邀请参加宴会或适合结婚的品质之一，他一定也具有良好的马术、热爱自然、充满魅力，拥有一套合身的晚礼服，但他们其实对知识并不好奇。这些快活的人，通常和小资产阶级一样，完全被日常的实际活动所填满。他们布置房屋，准备聚会，在预订酒店和机票时显示出高超的技巧。其他人则靠欧洲非理性主义的残羹剩饭维持生计。他们直截了当地为自己对心灵的敌意辩护，意识到思维本身的颠覆——甚至不是错误的颠覆——意识到思维独立于任何给定的、存在的东西。正如尼采时代受过教育的市侩相信进步，相信群众的素质会不断提高，相信大多数人能获得尽可能多的幸福一样，今天的人们反过来，在对自己都不算了解的情况下，却相信1789年的法国大革命，相信人性是不可理喻的，相信人类不可能获得幸福——换句

* 来自霍夫曼斯塔尔的小说《玫瑰骑士》。

话说，工人们太富裕了。之前的深刻见解已沦为陈词滥调。终于被社会接受的尼采和柏格森哲学没有留下任何东西，只留下了最黑暗的反智主义，它以自然的名义掠夺自然。1933 年，一位总指挥的犹太妻子（后来在波兰被谋杀），她说："第三帝国最让我恼火的是，我们不能用'天然'这个词了，它已经被纳粹霸占。"即使在法西斯战败后，一位奥地利城堡里的女士在鸡尾酒会上把一个工人领袖误认为是激进分子，她像野兽一样重复着："他是那么无知，太无知了。"我还记得，当一个出身不明的贵族女孩向我坦白她对希特勒的同情时，我是多么的害怕。当时我想，一定是一种迷人的、软弱的思想在向她自己隐瞒她是谁。但是她的聪明之处在于，她所代表的东西已经不存在了，她的阶级意识在抹杀她的个人命运的同时，也帮助她产生了自在存在和社会性格。上层阶级紧密地团结在一起，所有主观偏离的可能性都消失了，只有在一件晚装的剪裁上才能找到差异。

121　悼念奥黛特

欧洲大陆上层阶级对英伦风的迷恋是对该岛封建习俗的仪式化，目的是为了满足他们自己。文化在那里并不是作为一个独立的客观精神领域，也不涉及艺术或哲学，而是一种经验存在的形式。上流即美。这为那些上流人士提供了意识形态上的快乐。因为形式化的生活变成了一项需要遵守规则的任务，需要一种风格的维护，需要在正确性和独立性之间维持一种微妙的平衡，存在本身就被赋予了意义，从而平息了多余人的坏良心。不断地要求人们去做去说符合自己地位和处境的事情，这需要一种道德效果。让人难以成为真正的自己，人们就会获得不能辜负父权贵族厚爱的感觉。与此同时，文化从其客观表现到向直接生活的转移，驱散了直接性被知识动摇的风险。后者被斥为对沉着、缺乏品位的颠覆，但这并不是用东普鲁士容克那种令人尴尬的粗俗来实现的，而是用一种看似理性的标准来实现的，那就是将日常生活审美化。人们会从中产生一种讨人喜欢的错觉，认为自己没有被上层建筑、基础设施、文化和物质现实割裂。但是，尽管有贵族的派头，仪式感还是落入了晚期资产阶级的习惯，把一场本身毫无意义的表演作为一种意义加以实质化，把思想贬低为对现有事物的复制，它所遵循的规范是虚构的，仪式感的社会先决条件，如它的模式，已经不复存在。仪式被承认不是因为具有约束力，而是为了方便使命令非法化。本身就是一名跟风者的普鲁斯特观察到，对英伦风和对程式化生活的崇拜，在那些想红的人中要远比在真正的贵族中风靡。从势利小人到暴发户只有一步之遥，势利感与新艺术之间的关系，是交易所定义的阶层的努力，他们试图将自己的形象笼罩上一种纯粹交换的植物之美。这种自我陶醉当然不会使生活更加丰富，它表现为各种无聊的鸡尾酒会、周末派对邀请、高尔夫球，圈子不过是对整体社会的象征。特权使任何人都得不到真正的乐趣，只是在欺骗特权阶层，他们在整个无乐趣的世界中，其实也没有可能得到乐趣。最近，正如凡勃伦所说，审美生活已经堕落到炫耀的水平上，除了外界的阿谀奉承，上流社会什么也听不到。上层阶级的荒唐行为——无论如何，现在已经不可抗拒地民主化了——揭示了长期以来社会的真实情况：生活已经变成了它自身缺席的意识形态。

122 字母组合

被解放的奴隶之子说："我讨厌粗俗的乌合之众，避之还唯恐不及。"

恶贯满盈者无法想象死亡。

把"我"说成是"我们"，这是最深奥的侮辱之一。

在"在我的梦中出现"与"我曾梦见"两种表达之间是时代差别。但究竟哪个更真实呢？送来梦境的不仅仅是灵魂，造梦的也不仅仅是自我。

在某人85岁生日之际，我在梦中问自己，我给他送点什么才能使他真正快乐呢？我马上回答了我自己的问题：一个通往冥界的向导。

正是莱波雷诺*总是不得不抱怨缺食和缺钱这件事，让人们对唐璜的存在产生了怀疑。

小时候，我看到第一批铲雪人出现在街上时连件像样的衣服都没有。我问起他们，他们说自己是没有工作的人，得到这份工作就能糊口饭吃。而在他们得偿所愿，即不得不铲雪时，我激动地冲了出去，情不自禁地放声大哭。

爱是在差异中看到相似性的力量。

第二次世界大战前有一张巴黎马戏团广告，上面写着：比戏剧更动感，比电影更身临其境。

也许一部在各方面都严格遵守《海斯法典》的电影可能会成为一件

---

* 莫扎特歌剧《唐·乔万尼》中唐璜的随从。

伟大的艺术品，但在一个没有《海斯法典》的世界里却不是这样。

魏尔伦：柔弱的凡人之罪。

伊夫林·沃的《故园风雨后》：社会化的谄媚。

齐勒 * 扇了穷人一记耳光。

舍勒：哲学的闺房。**

李利恩科隆 *** 在一首诗里描述了军乐。开头是这样写的："在审判日，铜管像大号般，从拐角处发出轰鸣。"结尾是："从拐角处噼里啪啦地飞来的/难道是一只长着明亮翅膀的蝴蝶？" 这是将权力的历史哲学诗意化，开始是审判日，结束是蝴蝶。

在特拉克尔 **** 的《沿路》中有这样一句："说说看，我们已经死了多久"；在多伊布勒 ***** 的《金色十四行》中写道："我们都早已死去，这是多么真实。"表现主义统一于对人们彼此完全疏远的表达，这意味着如果人们内心的生命已经衰朽，那么在严格的意义上，他们就是已经死了。

在博尔歇特所尝试的形式中，不乏经过重塑的民谣。他没有使用"流行风格"这个词，而是称之为"人民风格"。但这听起来像："以法律的名义"。在改革派诗人的笔下潜伏着普鲁士警察。

现在摆在思想面前的任务中，最重要的是把所有反对西方文化的反动论点都用于反对进步的启蒙运动。

真正的思想是那些唯独对自身一无所知的思想。

看到老妪把柴捆拖到他的火刑架上，胡斯叫道："神在你的幼稚中显现了。"但他牺牲的原因，即最后的晚餐有哪两种形式呢？与更高的思想相比，每一种思想都显得幼稚，没有什么思想是简单的，因为所有的思想都在荒凉的、逐渐消失的遗忘曲线上变得简单。

只有当你表现出软弱，使不出劲时，你才会发现什么是爱。

---

* 海因里希·齐勒（Heinrich Zille，1858—1929），讽刺漫画家，以 20 世纪柏林平民生活为主要题材。

** 这是对萨德《闺房哲学》的倒装。

*** 迪特列夫·冯·李利恩科隆（Detlev von Liliencron，1844—1909），德国印象主义诗人，短篇小说家，这首诗指的是他的《军乐队来了》。

**** 特拉克尔（Georg Trakl，1887—1914），奥地利诗人。

***** 多伊布勒（Theodor Däubler，1876—1934），德国诗人和文化评论家。

123 坏同志*

从真正意义上说，我应该能够从童年的记忆中推断出法西斯主义。正如征服者会派使者到最偏远的省份去，法西斯主义早在进犯之前就派出了先锋队：那就是我的同学们。资产阶级自古以来就培育了一个残暴的民族共同体，梦想着人人受他人压迫；孩子们已经有了教名，如霍斯特和尤尔根，还有像伯根罗斯、波容加和埃克哈特，成年人还没有成熟到可以实现梦想的时候，孩子们就实现了。他们非常清楚地感觉到他们所承受的恐惧的力量，因此后来的一切幸福似乎都是可以收回的，是借来的。的确，第三帝国的爆发出乎我的政治判断，但并不是我潜意识里在害怕它。几乎所有永久灾难的主题都掠过我的脑海，德国人觉醒的警告信号深深地烙进了我的心中，使我意识到这些都是希特勒独裁统治的特征。在我看来，这是一种愚蠢的恐慌，就好像整个国家都是专门针对我的，好像我童年时期曾经从它们的原始形态解脱出来过似的。五名爱国者群殴一名学生，当他向老师告状后，还说他是个打小报告的——难道他们不就是那些为了驳斥外国人说虐待囚犯而折磨囚犯的人吗？当那个领头的男孩犯了错的时候，就哭起来没完没了——难道他们不是站在那个犹太囚犯的周围，取笑他那笨拙的上吊企图吗？他们连一个正确的句子都写不出来，却觉得我所有的句子都写得太长了——难道他们没有罢黜德意志文学，独尊他们的八股吗？

* 引自纳粹时代的流行歌曲《好同志》(Der gute kamerad)。

他们胸前佩戴着神秘的徽章，希望当海军早已不复存在时，能在远离海洋的地方成为一名海军军官：他们宣称自己是部队领导，是合法的法外狂徒。在自由主义的统治下，爱绷着脸的聪明人在课堂上和有天赋的业余建造师一样一无所成；因此，为了取悦他们的父母，他们忙于电锯活，或者为了自己的快乐，在漫长的下午，用彩色墨水在画板上画出错综复杂的图案，像第三帝国要求的那样残酷而又高效。他们总是与老师们争吵不休，打断课程，然而从上大学的那天起，同样是那些老师，他们又能把酒言欢。在男性的联盟中，昔日挥舞着拳头的反叛者，已经表示了对主人的崇拜，只能不断地拜高踩低。现在无论是老手还是愣头青，明显已经从我的梦中走了出来，把我从过去的生活和语言中赶了出来，我不再需要梦见他们。在法西斯主义中，童年的噩梦变成了现实。

1935

124 拼 图

尽管历史发展到了寡头政治的地步，工人们却越来越不知道他们是寡头，通过观察，我们可以推测出其中原因。虽然在客观的方面，所有者、生产者与生产设备之间的关系变得越来越僵化，但主观方面，阶级成员关系却变得越来越不稳定。这种趋势是经济发展本身造成的。正如人们经常注意到的，资本需求的有机组成是通过技术专家而不是工厂所有者来控制的。后者是与生活劳动相对应的，前者相当于机器在资本中的份额。然而，技术过程的量化，以及将其分解为独立于教育和经验的精细操作，在很大程度上使这些新型管理人员的专业知识成为一种幻觉，一种用来掩盖被授予特权的借口。技术发展已达到一种使所有职能真正向所有人开放的状态——这一内在的发展中的社会主义因素已在晚期工业主义下受到歪曲。每个人似乎都能成为精英，一个个只等着被提拔。能力存在于亲和力之中，从理性对所有事物的控制，到健康的技术官僚思想，再到真诚的现实政治，莫不如此。公务员通常只擅长管理。人人都能做的事并没有把这类人淘汰掉，然而给所有人提供了就职机会，这种工作又刚好偏爱那些最合群的人。当然，当选者仍然是微不足道的少数人，但是，在一个消除了以这种假象为基础的自由竞争的制度下，结构上的可能性足以维持机会均等的幻想。技术力量可以使一个没有特权的条件变得一文不值，所有人，甚至是那些处于社会阴影之中的人，都认为是社会关系造成的。总的来说，今天阶级成员在主观上表现出一种流动性，这种流动性使得经济秩序本身的刚性被遗忘:刚性的东西总是可以移动的。即使个人无力提前计算自己的经济命运,也对这种令人欣慰的流动性做出了贡献。失败不是因为无能,而是因为等级结构不透明,在这种结构中,没有人能感到安全,即使是那些身居高位的人也不例外:危机面前人人平等。今年最成功的电影中,在小资产阶级的讽刺漫画里,男主角空军少校被描绘成一个出现在药店里的混蛋,他不仅给了观众一个幸灾乐祸的机会,而且让他们在无意识中更加坚信,四海之内皆兄弟。极端的不公正变成了正义的假象,剥夺了平等的资格。然而,社会学家们思考着一个冷酷而滑稽的谜题:无产阶级到底在哪里?

125 铜　臭

在欧洲,前资产阶级的历史存在于因个人服务或恩惠而获得报酬的羞耻感中。新大陆对此一无所知。在旧世界里,也没有什么是白做的,但这被认为是一种创伤。毫无疑问,意识形态是一种源自土地垄断的品质,它对人的影响之深,足以让他们对市场不屑一顾。直到20世纪,德国的统治阶级还不屑通过特权或控制生产以外的方式赚钱。人们认为艺术家和学者不体面的地方,恰恰是他们自己最反感的地方,那就是收受报酬。私人教师荷尔德林和钢琴家李斯特的受雇经历,让他们同统治意识誓不两立。直到目前,一个人的社会地位仍然是由他是否收受金钱来决定的。有时,虚假的骄傲变成了有意识的批评。欧洲上层阶级的每一个孩子,都会为红包而羞红脸,即使资产阶级的力量克服并补偿了这种反应,人们仍然怀疑人是否仅仅是为了交易而生的。在欧洲人的意识中,旧事物的残余是新事物的发酵。另一方面,在美国,即使是富裕的家庭中,孩子也会为了挣几美分而争着去取报纸,这种态度已经影响到了成年人的行为。这就是为什么在不了解情况的欧洲人看来,美国人的整体形象很容易被看作没有尊严的人,他们偏爱有偿服务,而与此相反,美国人却把欧洲人看作是一群游手好闲的王子。"劳动光荣"这句格言是不证自明的,与市场关系的耻辱(在封建意义上)、收入原则的民主有关的所有势利现象都无所遁形,助长了彻底反民主、经济不公、人类堕落的持续存在。没有人想到,可能存在无法用交换价值表示的服务。这是主观理性取得胜利的真正先决条件,因为主观理性不能从本质上思考一个有约束力的真理,而只把它看作是为他人存在的,是可以交易的。如果在大西洋的另一头,意识形态是一种傲慢,那么在这头,它正在传递商品。这也适用于客观精神的产物。在交易行为中,禁止表述双方的直接利益。盈利能力,这一必然具有市场价值的生产的先天条件,会把事物本身自发的主观需求扼杀在摇篮里。即使是那些最不遗余力进行推行的文化产品,也在自我重复,它借助的是一种难以理解的机关:酒吧里的音乐家一边把他们喜爱的旋律敲进顾客的耳朵里,一边斜视着钢琴上盛小费的盘子。文化工业的预算高达数十亿美元,但其正式表现方式是小费。工业化的文化中过分光鲜、卫生的特征是原始羞耻感的唯一雏形,这种形象动人心魄,堪比高档酒店领班的燕尾服,他们为了不让自己看起来像服务员,因此在优雅方面甚至比真正的贵族还有过之无不及,却恰恰在这一点上暴露了自己的身份。

126 智 商

适用于最先进技术发展状态的行为模式与它们实际需要的结构并没有一一对应的关系。因此，社会决定思维，不仅仅是指专业领域，而是社会从整体上对思想进行约束。思想已经被扭曲成解决指定的问题，即使没有指定的问题也像有问题一样被处理。思想失去了自律性，不再相信自己能够自由地理解现实，这就极具欺骗性地把思想变成可以估价的东西。甚至在它自己的眼中，它也表现得好像一直在证明自己是健康的。在没有任何问题可以解决的地方，思考就变成了训练，无论训练什么。它把对象仅仅看作是障碍，是对它自身形式的永久考验。那些希望对主体负责的人，会引起人们怀疑，觉得他虚荣、不合群、容易自我满足。新实证主义者把知识划分为积累的意义—经验和逻辑形式主义，单一知识被用来衡量的那种精神活动，也被分化为已知的知识列表和对思维能力的抽查。对人来说，每一种思想都是对知识或才能的测验。在某个地方，正确的答案必须已经被记录下来。工具论，实用主义的最新版本，长期以来不仅关注思想的应用，而且关注其形式的先天条件。当对立的知识分子在这些影响的范围内努力为社会设想一种新内容时，他们被自己的意识形式所麻痹，而这种意识形式是预先为适应这个社会的需要而塑造的。当思想忘记了如何去思考它自己时，它就成了看门狗。思考不再意味着什么别的，而只是用来每时每刻检查一个人是否真的能思考。这种令人窒息的印象，即使是在独立的知性作品中也能感受到，理论上和艺术上都是如此。只要社会本身被禁锢起来,思想的社会化就会把思想孤立在一个玻璃盒子里。正如思想早先内化了从外部强加的义务一样,今天它已经把自己同化并融入周围的装置之中,因此甚至在对它的经济和政治判决完全生效之前就已经受到谴责。

127　关于愿望的思考

智力是一个道德范畴。感觉和理解的分离，使宽恕和祝福愚人成为可能，把人分解为种种功能。对傻瓜的赞美带有一种焦虑的基调，唯恐被分解的部分重新结合起来，并结束混乱。荷尔德林有句诗是这样写的："如果你既有智慧又有心灵，请只表现一样。如果两样都出现，两样都讨嫌。"与无限相比，对有限知性的诋毁——因为无限，对有限的、永远无法理解它的主体来说是高深莫测的——让理性在哲学中回荡，尽管它有批判性的主张，但它的调子是"诚实加真实"。当黑格尔把理解当作是愚蠢之时，他不仅同意反思的孤立性，对每种表述要实证，对不真实事件要充分衡量，而且他还纵容对思想的禁止，这削弱了他宣称概念具有的否定性，并赞同新教牧师敦促他的教众保持一致，而不是依赖于他们自己微弱的光芒。哲学应当在感性与知性的对立中，寻求它们的——确切地说，道德的统一。智力在行使它的判断能力时，反对预先给予的任何东西，同时表达了这种东西。排除本能冲动的判断本身就通过对社会力量施加的反作用力来补偿了社会力量。判断力是由自我内聚力来衡量的，因此也是由精神分工赋予感情感的本能动力来衡量的。本能，即对抗性的愿望，隐含在逻辑的意义之中。因为在逻辑上，判断主体忘记了自己，显示了自己的清廉，从而赢得了胜利。另一方面，就像视野最狭窄的人在开始追名逐利的时候会变得愚蠢，然后对他们不想理解的东西发泄怨恨，恰恰因为他们对这些东西不能更理解了，所以现世的愚蠢阻止了现世认识到自己秩序的荒谬性，这是统治者未升华的、未被取代的利益的进一步产物。从短期来看，这是不可抗拒的，但它会逐渐演变成历史进程的不可考状态。它对应着个人的愚蠢和固执，无法有意识地将偏见和商业的力量联系起来。这种愚蠢通常与道德缺失、缺乏自主性和责任感相伴而生，而苏格拉底的理性主义就是如此，以至于人们很难想象一个聪明的人也是邪恶的人，因为他的思想只针对思考的对象，而不是在内部形式化地循环。恶的动机，被偶然的私利盲目地吸收，往往会溶解在思想的媒介中。舍勒的格言是所有的知识都建立在爱的基础上，这是一个谎言，因为他要求对所设想的事物立即产生爱。但是，如果爱促使一切虚假的直接性消失，从而与知识的对象变得不相容，那它就会成为真理。思维的分离并不能用相互疏远的心理范围的综合作用来弥补，也不能用发酵的非理性来治疗理性，而是通过对愿望要素的自觉反思来弥补，这种反思反过来又把思维当作思维来建构。只有当这一要素在思维的客观性中没有他律性的残余被纯粹地溶解，它才会成为一种走向乌托邦的冲动。

128 退　化

包括我在内，很多人对勃拉姆斯最早的记忆是《摇篮曲》。当时我完全误解了原文的意思：我不知道"丁香"其实说的是康乃馨，还以为是一种用来钉窗帘的小图钉*，我自己小时候的那张小床上的帘子就用这些钉子钉得密密麻麻的，这样就可以在没有一丝光亮的地方安然入睡。真正的花也不及那窗帘飘逸柔软。对我们来说，除了无意识的黑暗，没有任何东西能取代那未衰减的光明；除了从未出生这种梦想，没有什么是我们可能拥有的。

"请安心地睡吧/把眼睛闭上，/听那黑暗中的雨滴/邻居家的狗在叫。/狗咬了一名乞丐，/撕破了他的外套，他跑啊跑，/乞丐已经一路逃到门外，/请安心地睡吧。"陶伯特**那首《摇篮曲》的开头很吓人。然而，它的最后两句却给睡眠带来了安宁。但这并不完全是因为资产阶级冷漠，而是因为他们知道入侵者已经被赶走了，这让人感到安慰。这个困倦的孩子已经差不多忘记了对陌生人的驱逐，在由肖特音乐***出版的儿歌版本中，这位陌生人看起来像个犹太人，在"乞丐已经一路逃到门外"这句里，孩子看到了和平，而没有看到悲惨。本雅明写道："只

---

* 德语中 Nägelein 一词既有小钉子的意思，也有丁香的意思。

** 戈特弗里德·陶伯特(Gottfried Taubert，1679—1746)，德国音乐家、舞蹈理论家，主要著作为《舞蹈的艺术》。

*** 肖特音乐(Schott Music)是德国最古老的音乐出版商之一。它也是欧洲最大、最古老的音乐出版社之一，1770 年在美因茨成立，创始人为伯恩哈德·肖特。

要还有一个乞丐，就会有神话；只有最后一个乞丐消失，神话才会销声匿迹。”但是孩子睡着后不就忘记了暴力吗？最后一个乞丐的消失不就补偿了他所遭受的一切吗？难道不是所有的迫害都隐藏在人类之中吗？人类带着这条看门狗，把整个自然驮在弱者身上，希望最后一丝迫害的痕迹看起来被抹掉了，而迫害本身就是自然的一部分。那被赶出文明之门的乞丐，岂不是在自己的家乡找到避难所，结束在大地上流亡的人吗？“只要心神平静，乞丐就能回家。”*

只要还能思考，我就能从《大山与谷间》这首歌中得到快乐，歌词中说到，两只兔子在草地上吃得正欢时，猎人的箭射中了它们，当意识到自己还活着时，它们赶紧逃走了。直到后来我才明白其中的寓意：理性只能在绝望中隐忍，为了不成为客观疯狂的牺牲品，我们需要荒诞。我们应该以这两只兔子为榜样；当枪声响起时，你会头晕目眩，吓得半死，然后镇定下来，如果还有一口气，就脚底抹油。恐惧和快乐的能力是一样的，对经验的不受限制的开放等同于自我放弃，在其中被征服的人重新发现了自己。有什么幸福是不能用无法衡量的悲伤来衡量的呢？世界正深陷困境。在行为中谨慎地适应了这个世界的人，也分享了它的疯狂，而只有狂人狷客才会坚守自己的立场，不随波逐流。只有后者才会停下来思考灾难的虚幻性，思考“绝望的非现实性”，并意识到不仅生命在继续，生活也在继续。迷迷糊糊的兔子们用诡计救了自己，甚至猎人也分了一杯羹。

---

* 出自陶伯特所作歌曲《祝你安息》。

129　为顾客服务

文化产业虔诚地宣称以顾客为导向，要满足他们的需求，然而，尽管它极力否认拥有任何自律的想法，并宣称如果有谁受害的话可以来作证。但在其含蓄的独裁统治下，它比所有自律艺术都干得更过火。与其说文化产业在迎合顾客的反应，不如说它在伪造顾客的反应。它通过表现得好像它本身就是一个客户，来训练接待态度。有人可能会怀疑，文化工业宣称的迎合态度是一种意识形态，人们越是渴望合群，就越是会通过夸大平等来公然表示社会的无能为力，从而卷入利害关系，最终颠覆平等。“音乐为听者而听”，电影以最真实的方式上演了一出令人作呕的把戏，大人们把适合他们喜欢的语言来折磨孩子，他们希望孩子能热情地接受这份礼物，边咂巴着嘴，边露出愉快的表情。文化工业是模仿的倒退，它拷贝了受压抑的冲动。文化工业的方法是先预测观众的对文化产品的模仿，使一切看起来好像文化产业打算创造的共识已经存在。在一个稳定的体系中，它确实可以指望得到这样的协议，与其实际产生共识，不如强调它的仪式性。文化工业产生的根本不是刺激，而是对不存在的刺激的反应模型。因此，在画室、热情的音乐标题、幼儿园里的对话、桥头马上，甚至在电影开始时的特写镜头里似乎也充满了呼喊：“太棒了！”在电影紧张的高潮时刻，文化机器用高速列车迎面驶来的冲击力冲击着观众。但每部电影的基调都是女巫把食物递给她想施迷魂咒吃掉的孩子，同时可怕地咕哝着：“汤太好喝了！你一定会喜欢的！”在艺术上，这种厨房里烧着的魔法是瓦格纳发明的，他语言上的亲和力和音乐上的辛香永远都在自我陶醉，而且他在歌剧《尼伯龙根的指环》中向齐格弗里德提供毒药这一场景中，天才般地暴露了整个过程。但是，既然那留着漂亮的发绺的怪物的头已经长埋在菩提树下，谁能来砍掉它呢？

130 灰与灰

出卖良心对文化产业没什么用。它的精神是如此客观，以至于被打耳光的是文化工业的缔造者，作为代理人，他们都企图通过心理上有所保留，使自己与文化工业所造成的危害保持距离。承认电影传播意识形态本身就是在传播意识形态。电影在管理上被严格地区分为两个方面：一方面是人造的白日梦，日常生活的避难所，这叫做"遁世"；而在另一方面，作为善意的产物，它激励我们改良社会，这叫做"传达信息"。遁世和传达信息表达了两种类型的不真实。对逃避现实的蔑视，对肤浅的标准化的义愤，只不过是对古老的社会风气的可悲的呼应，这种风气严厉谴责赌博，因为统治者不能随便下赌注。逃避现实的电影之所以如此令人反感，并不是因为它们背弃了过时的存在，而是因为不够有积极的能量，因为它们本身也一样陈旧，它们假装满足的恰恰是在现实里试图否认的。梦非梦。正如光鲜亮丽的电影主角不会让我们忘记他们在银幕以外是普通人，也是大众类型中的一分子，是文化工业的投资对象，所以精心设计的幻想是金玉其外，其中清晰地勾勒出电影本体的框架，它是整个强制性的价值层次，划分了哪些经典是示范性的，哪些是不受欢迎的。再没有比遁世更实际的了，也没有比追求大事业更狂热的了：我们被诱拐到遥远的地方，只是为了把经验主义者的生活规律从遥远的地方敲进我们的意识里，而不受遁世经验可能性的阻碍。遁世充满了可传达的信息。与之相反的是：信息本身却如其所是。它具体化了对具体化的抵抗。只要听一听专家们对某部电影杰作的称赞就知道了，除了其他优点外，这部电影肯定还具有道德严肃性，就像一位魅力四射的女演员也被认为具有人格一样。电影管理委员会可以很容易地决定在逃避现实的影片中加入一种歌德式理想：人应该高尚、乐于助人、善良。这种理想脱离了作品的内在逻辑，脱离主题，它本身就成为一种物质，可以用现成的材料来提供，因此，这种材料既储备充足，又毫无价值，只不过是对瞎指挥的行为进行补救，还对这种乱指挥的社会工作进行了美化。在这类电影中，最受欢迎的主题是酒鬼重新做人，他们嫉妒酒鬼的醉生梦死。根据不知名的法则，社会的僵化被呈现出来，似乎善意足以消除它的缺点，无论谁出于诚心提出异议的地方，僵化的社会也会得到保护。这是所有思维正常的人的共同战线。这一信息的实证精神，即如何改进事物的具体示范，与小说中的体制相结合，认为只要每个人都坐下来，对问题的根源作出抉择，找出一个包括总体社会的主题，例如某个目前不存在的主题，这样就能把一切错误都纠正过来。自欺者总能自得其乐。信息变成了逃避：人们把屋子打扫干净，心中充满了正能量，忘记了这间屋子是盖在什么之上。真诚地逃避，是一种在形式结构上对总体反感的形象，它可能成为一种不去表达个别的信息，这确实是因为它对提出实际建议有不屈不挠的克制。

131 狼外婆

在众多关于电影的争论中，最有力的论据落在了它的大规模消费上，但这也是最没道理的。人们宣称，这种文化产业的极端媒介是大众艺术。它们与自律作品的规范完全不同，拉低了电影的审美责任，是反动的，就像所有提升电影艺术品质的意图确实看起来是扭曲的，错误的，与形式不符——是鉴赏家的安排。电影对艺术的要求越高，它就变得越虚假。电影的主角可以指出这一点，而且，随着对内在的批评现在变得媚俗，他们可以把自己粗糙的外在媚俗性描绘成先锋派。一旦被吸引到先锋领域，加上技术经验和专业流畅性，这种论点就变得几乎不可抗拒。电影不是大众艺术，而仅仅是为了制造出来欺骗大众？通过市场，公众的愿望不断得到实现；集体制作本身就保证了影片的集体性，只有脱离现实的人才会怀疑它的制作者是狡猾的拉线者。诚然，大多数人缺乏天赋，但只要具备了必要的才能，那么，尽管该体系存在种种限制，成功还是有可能的。影片所顺应的大众口味并不是大众的口味，而是强加给大众的口味。但是，谈论一种不同于群众实际表现出来的大众品味是荒谬的，任何曾经被称为民间艺术的东西都反映了统治。只有使生产适当地适应特定的需要，而不是面向一个乌托邦式的观众，才能以这种逻辑的形式表达未阐明的共同意志。电影里充满了谎言？刻板印象是民间艺术的本质：童话故事中有拯救公主的王子和魔鬼，电影里有英雄和恶棍，甚至野蛮地将世界分为善恶对立，在最伟大的童话故事中也能找到与之相同之处，比如让继母穿着滚烫的铁鞋跳舞而死。

想要回答所有这一切，只能反思那些辩护士们设定的基本信念。烂片不能归咎于无能；有天赋的人都被商业机构击垮了，而那些没有天赋的人蜂拥而入是因为谎言和骗子之间的亲密关系。无知是客观的；改良派找不到民间艺术。它的概念产生于农业关系或简单的商品生产经济。这种关系和表达这种关系的人物是主人和仆人、成功者和失败者的关系，但不是完全客观化的直接关系。当然，它和后来的工业社会一样，也存在阶级差别，但是它的成员还没有被总体结构所包围。总体结构首先把个别的主体缩小到几个瞬间，然后把他们统一到集体中去，使他们成为无力的、分立的主体。然而，随着浪漫主义的传播，大众不再是糟糕的大众了。相反，正是在这种全新的、彻底异化的社会形态中，旧社会的不真实首先被揭露出来。民间艺术遗产被文化产业所看中的那些特质，通过文化产业本身，变得令人怀疑。电影有一种追溯的效果：它的乐观的恐怖在总是为不公服务的童话故事中显露出来，并在被谴责的恶棍身上隐约地表现出遭到社会谴责的那些人的面孔，他们从一开始就梦想着社会化。由于这个原因，个人主义艺术的消亡不能归因于个体不适合作为主体，真正的主体是少数几家大公司的联合。如果大众对电影产生了影响，影响也只是抽象的票房，而票房中看不出哪些是掌声哪些是嘘声。人们只能选择看或者不看，这是集权与分权之间不平衡关系的不可分割的一部分。最后，事实是，在电影的制作过程中，众多专家和技术人员都有发言权，这并不比一个合格的科学顾问委员会对炸弹和毒气的使用更能保证其人性。

把电影当作一种艺术，无疑适合那些想要毛遂自荐的文人墨客。有意识地追求天真性，追求对长期渗透于主人思想中的仆人的迟钝性，同样是毫无价值的。今天，电影不可避免地与人联系在一起，仿佛它是人的一部分。与此同时，电影与人的命运却有着天壤之别，因为人的命运有可能在未来的某一天实现。而辩护士们则坚持抵制这一二律背反。拍电影的人绝不是阴谋家，这是毋庸置疑的。客观的操纵精神表现在经验规则、形势评估、技术标准、经济计算和工业设备比重上，而不需要任何特别的审查，而且即使要求大众接受审查，它们也会反映出该系统的普遍性。生产者不像工人和消费者那样是主体，而仅仅是自我调节机制的组成部分。然而，大众艺术应该反映大众的真正品味，而不是挑剔的知识分子品味，这听起来像是黑格尔式的格言。电影作为一种无所不包的意识形态，与人类的客观利益相抵触，在利欲熏心、狼心狗肺和到处骗人的现状中可以得到充分的论证。任何对一种实际存在的意识状态的呼吁，都没有权利否决超越这种意识状态的洞见，因为该洞见能够辨别出它与自身和客观条件的矛盾。可能这位德国法西斯主义教授是对的，真正的民歌已经以上层社会堕落的文化价值观为基础。毫无疑问，所有的民间艺术都受到了影响，就像电影一样，不是“有机的”。在过去的不公正中，甚至在文化赞美自己的地方人们也可以听到它的哀鸣，在异化中，它号称内部具有凝聚力，阴险地创造出一种与大声说话者和广告心理学相亲近的假象，这两者并不相同，一个像母亲哄孩子，是为了减轻孩子对恶魔的恐惧；一个像童话故事中，强调善有善报，恶有恶报。电影产品把世界上所有的公平秩序，在每一个国家里都在向听众的眼睛和耳朵灌输着，以便重新地、更彻底地教育他们，恢复他们的恐惧。这些童话般的梦，如此热切地吸引着这个男人身上的童稚，它们是由彻底启蒙组织起来的倒退，它们神秘地拍拍旁观者的肩膀，让他们放心，梦背叛了做梦的人。直接性，这个由电影创造出来的大众社区，相当于没有残留的调解，把人和一切人类的东西完美地还原到事物中，以至于它们与事物的对比，甚至是物化本身的魔力，变得难以察觉。电影成功地将难以分辨的主题转变为社会功能，让那些完全处于其中，不再意识到任何冲突的人，享受着自己的非人化，享受着温暖的快乐。文化产业的整体互联性，不留下任何角落，它是一种完全的社会错觉。这就是为什么它能轻松地反驳对手。

132　昂贵的复制品

即使在经历极权统治之前，社会也是一个整体，它通过协调对手的想法来接纳他们。对资产阶级意识形态在全部政治上完全持反对意见的知识分子，也要经过一个标准化的过程，这个过程虽然内容矛盾，但由于他们随时准备适应，使他们逐渐接近普遍的思想状态，以致他们的观点的实质越来越不重要，只取决于他们的偏好或对自己机会的估计。他们主观上认为激进的东西，客观上完全属于他们为同类保留的模式中的一部分，以至于激进主义被贬低为抽象的威望，为那些知道当今知识分子必须支持和反对什么的人提供合法性。他们所选择的美好事物，在数量上，在价值层次上，早已和学生联谊会一样被接受，被限制，并固定下来。尽管他们抨击官方的媚俗，但他们的观点就像孝顺孩子一样，只允许分享预先选定的好话，这是用废话抵制废话。这些年轻波希米亚人的住所和他们的知识分子老家一模一样。墙上挂着梵高名作《向日葵》或《阿尔勒咖啡馆》等看似忠实原作的彩色复制品，书架上则是社会主义和精神分析学书籍的精编版，以及为克制的自由主义者准备的一点性学。还有就是兰登书屋版的普鲁斯特——斯科特·蒙克里夫的译本，它配得上更好的命运，在外观制作上应该使用平价的文库本造型，这是对作者的嘲弄，他的每一句话都让一些人觉得可笑，而现在，作为一个同性恋获奖作家，他填补了年轻人的需求，就像那些关于森林动物和在德国北部探险的书一样。留声机里播放着林肯风的康塔塔，这种带有强健精神特色的音乐深切关注着火车站，再加上令人惊叹的俄克拉荷马州民间传说和一些嘈杂的爵士乐唱片，让你立刻感到共享、大胆和舒适。每一种意见都得到朋友们的认可，每一种争论都是他们事先知道的。所有的文化产品，即使非主流的文化产品，也被纳入了大规模资本的分配机制中，在最发达的国家，不能大规模生产的产品根本到达不了读者、观众和听众们那里，这就无法实现人们对其主体的偏离欲望。甚至连卡夫卡也成了分租工作室的常客。知识分子已经对他们孤立的领域投入了太多，他们不再想要任何不带高雅标签的东西，只想在公认的现货交易领域中获得专业知识。初入门槛时靠边站只是给人一种错觉，他们在等待时机。把他们看成叛徒，就是把他们看得太高。他们戴上一副象征“才华”的眼镜来掩饰平庸的面孔，尽管戴着的其实只是普通镜片，这仅仅是为了在普遍竞争中给自己增光添彩。他们已经和其他人一样了。反对媚俗的主观前提——不协调的判断——正在消失，又仍将其姿态保留为一种集体仪式。斯大林只要清清喉咙，他们就把卡夫卡和梵高扔到垃圾堆里。

133　对知识分子史的贡献

我有一本1910年出版的《查拉图斯特拉如是说》，在背面印有出版商的说明。在尼采的读者群中，有一位来自莱比锡的仁兄，名叫阿尔弗雷德·克洛纳，他一定是这方面的专家。《生活的理想目标》，阿达尔伯特·斯沃博达著。斯沃博达在他的作品中点燃了一盏光辉灿烂的启蒙之灯，为探索人类心灵的所有问题带来启示，并将理性、艺术和文化的真正理想清晰地呈现在我们面前。它的规模宏大，制作精良，从头到尾都令人兴奋不已，扣人心弦，令人振奋，富有教育意义，对所有真正自由的心灵都有一种重注活力的效果，就像让人神经放松的泡澡或清新的山间空气。标记:《人性》，几乎和大卫·弗里德里希·施特劳斯的书一样值得推荐。"《查拉图斯特拉论》，马克斯·泽布斯特著。有两个尼采，一位是举世闻名的'当红哲学家'，炫酷的诗人，也是伟大的风格大师，他的作品中一些被误解的口号已成为'受教育者'可疑的共同财产。另一位尼采是深不可测、用之不竭的思想家和心理学家，是人类伟大的探索者和生命价值的无与伦比的精神力量，属于最遥远的未来。这本小书中的两种论述的目的，就是要使另一个尼采更接近现代人。"即便如此，我还是宁愿当前一个。因为另一个叫做:"哲学家和高尚的人。尼采的这种性格特征是由梅塔·冯·萨丽斯·马希林斯*提出的。这本书诚实地记录了尼采的个性在一个有自我意识的女性灵魂中唤起的

* 尼采的一个女权主义者朋友。

所有情感,值得我们注意。”不要忘记鞭子,查拉图斯特拉如是说。相反,我们发现:“马克斯·泽布斯特在《快乐的哲学》中以尼采为出发点,但努力超越尼采的某种片面性……冷酷的抽象不关作者的事,它更像是一首赞美诗,一首吟诵的哲学欢歌。”这好像学生跟老师开的一个玩笑,可真是没有片面性呢。本书简直是对无神论者天堂的直接描述:“海因里希·施密特博士为德文版的《四福音书》作了介绍和注释。与它们在文学作品中被流传多次后堕落的形式不同,这个新版本不仅对于真正的宗教人士来说有很高的价值,而且对那些渴望社会行动的‘反基督者’亦然。”真是一个艰难的选择,但是我们可以相信二者都像福音阐释学家一样有耐心:“《新人的福音》(融合了尼采和基督),作者卡尔·马丁,这是一本非常有启发性的书。在现在的科学和艺术中,与过去的幽灵作斗争的一切,都在这个又成熟又年轻的心灵中生根发芽。值得注意的是,这个‘新人’从不老泉中为他自己和我们共同汲取力量。其他那些人在群峰中通过聆听纯净音乐而得到救赎……在形式上,这些音符也透露出简约与庄严。”标记:伦理文化。

奇迹在四十年前就从我们中间消失了,当然还有二十年前,尼采出于天才,过早地决定与世界断绝联系。这些都是徒劳无益的——那些精神抖擞、不信神的牧师和有组织的伦理文化倡导者们用伦理文化让曾经在欧洲享受舒适生活的纽约流亡女子最终成了女侍者。她们还在为了男人取得的地位而沾沾自喜。而这些仁兄们在乎的,是到底有没有在听他们对自己唱“秘密的船歌”。人们一度希望在欧洲的野蛮时代汹涌而来的洪流中留下信息,这是一种可爱的幻想:那些绝望的信件被卡在不老泉的烂泥里,被一群“上大人”和狗腿子们拼凑成高度艺术化但价格低廉的壁饰。从那时起,通信方面的进展才真正进入正轨。如果连最自由的灵魂也不再为想象中的后代写作,如果可能的话,只为死去的上帝写作,那又何罪之有呢?

134　尤维纳利斯*的错误

讽刺是一件很难的事。不仅因为我们正处于一个比以往任何时候都要把嘲讽仅当作嘲讽来看的处境中，而且反讽的媒介正使它自己成为真理的对立面。反讽通过把它呈现为它所声称的那样来为它的对象定罪，反讽不作任何判断，仿佛给观察的对象留下了空白，让观察的对象与其自身相对照。它通过将积极的一面与自己宣称的积极的一面相对，从而展现出消极的一面。对反讽进行解释，就把反讽消解掉了。在这一点上，它预先假定了自明的概念，即最初的社会共鸣。只有当主体达成了令人信服的共识时，主观反映，即概念行为的表现，才是多余的。看懂讽刺并笑出了声的人，无须证明讽刺的存在。因此，直到伏尔泰的时代，几千年来讽刺文学都倾向于站在有权有势的强势一方。与此同时，它代表了受到近代启蒙运动威胁的旧阶层，后者试图用开明的手段来搞他们的传统，其无穷无尽的主题是道德的沦丧。正因为如此，曾经灵巧的剑柄在后世看来，显然是一根笨重的棍子。这种对表象的双重语言精神化，总是把讽刺作家表现得很有趣，以至于达到进步的顶点。然而，衡量进步的标准是那些受到进步危害的东西，而后者迄今为止仍被假定为普遍的意识形态，认为显著退化的现象是一种错误——它未经理性的辩论就被妖魔化了。在阿里斯托芬的喜剧中，淫秽场面本是

---

* 古希腊诗人，著有大量讽刺诗，本段第一句戏仿了他的诗句“不讽刺是一件难的事”。

用来揭露放荡的生活，现在却成了现代主义对世俗性的赞颂，一切都归因于乌合之众。随着资产阶级在基督教时代获得胜利，反讽的作用就减弱了。它很早就投靠了受压迫者，特别是那些实际上已不再受压迫的人。然而，作为自身形式的囚徒，它却从未完全摆脱其专制的传统和不加反抗的恶意。只有当资产阶级也衰落之后，反讽才升华为一种对人性思想的呼吁，这种思想不再容忍与既定秩序及其意识的任何和解。但是，即使这些思想中也包含着不言自明的东西：毫无疑问，它们包含着客观的、直接的和显而易见的东西；卡尔·克劳斯不会在决定谁是君子、谁是小人、什么是智慧、什么是愚蠢、什么是语言、什么是新闻等问题上抖机灵。他的公式就是从沉着冷静中获得力量，在对眼前事物的瞬间把握中，如果找不出问题，就当作没有问题。然而，克劳斯的散文越是强调不变的人性，就越瞻前顾后，谴责腐败和堕落，谴责圈子文人和未来主义者，除了认为追求自然状态的智慧毫无价值外，也没有什么特别的建树。最后，他一边对希特勒毫不妥协，另一边却对许士尼格逆来顺受，这证明他不是缺乏勇气，而是讽刺本身就具有矛盾性。它需要坚守一些东西，而自封的反对派不得不屈从于积极性。对没有职业操守的记者的谴责除了他们经常写不实新闻，还会犯一些常识错误，这些常识是经不起大肆宣扬的。对那些看起来更强者的嫉妒，显示出了人们的本性。知识分子尚未冒头的想发财的愿望，驱使他们边为自己的无所不知而自命不凡，边杜撰事实，在他们拙劣的尝试中，揭露出他们实现不了的力量与成功，它本身就是一个谎言。这些冒牌货又总是化身为乌托邦：即使是虚假的珠宝也能满足无助的童年梦想，而这也遭到而诅咒，在成功之前就失败了。讽刺对被衰落解放出来的力量视而不见，这就是为什么完全的衰落吸收了讽刺的力量。第三帝国的领袖对移民和自由派的嘲弄终究是挥挥拳头吓唬人的假把式罢了。今天我们不应把讽刺之不可能多愁善感地归咎于价值的相对主义，归咎于缺乏约束力。相反，协议本身，即反讽的先验形式，已经让位于内容的普遍一致。这样一来，它就成了唯一适合讽刺的对象，同时也撤掉了讽刺脚
下的地面。反讽的媒介——意识形态和现实之间的差别——已经消失 255

了。前者仅仅通过重复来确认现实。反讽常说,它自称是这样,但实际上是别样;然而,今天即使是在最激进的谎言中,世界还是回到了这样的论点上,即事情确实是这样的。在已建立的秩序的悬崖峭壁上,没有一个缝隙可以让反讽者钩住指甲。他摔了下来,那个使他失去力量的阴险家伙讪笑着跟在他身后。这种认为活该如此的姿态正是世界对待每一个受害者的方式,而讽刺所固有的先验一致性在它应该攻击的那些人的真正一致性面前变得荒谬可笑。总体社会的可怕之处在于,总体社会已经吸收了反对的声音,而无力的反对早些时候被讽刺所平息,现在只存总体社会那可怕又严肃的普遍真理。

135 献祭的羔羊

口述不仅更舒服，更有助于集中注意力，而且还有额外的实质性好处。口述使作家在写作的最初阶段就有可能进入批评家的位置。他所写下的只是暂时的、仅供修改的材料，但在他看来，一旦被记录下来，就成了某种陌生的、某种程度上是客观的东西。他不必害怕把一些不充分的想法写在纸上，因为他不是必须写下来的那个人：他在这件事上不必负责任。构思具有挑战性，首先是要找到平淡的形式，随手写在备忘录上，然后是整理已经存在的材料，这样他就不必再次直面自己的大胆。面对现在已难到绝望地步的理论话语，这样的技巧成了一种幸事。它们是辩证过程的技术辅助，辩证过程是为了撤回论述，同时又牢牢守住论述。感谢做笔录的人，在适当的时候，他把文中的矛盾、讽刺、紧张、不耐烦和不尊重的语句递给作者，把他救了回来。口述时，他让作者发火，把作者的败坏情绪转移出来，否则作者会不信任自己的作品，反而更自负地坚持自己的立场。这种对助手忘恩负义的情感，善意地净化了他与助手之间的君臣式关系。

136 喜欢出风头的人

艺术家们不会升华，他们既不满足也不压抑自己的欲望，而是把它们转化为对社会需要的实现，他们的作品是精神分析的幻觉。顺便提一句，合法的艺术品在当今社会毫无例外地不受欢迎。相反，艺术家们表现出暴力本能，自由自在，但又与现实冲突，表现得像是患了精神病。就连演员和小提琴家也不过梦想着能够抓住观众神经与心弦，这比关于本能的庸俗经济学理论更有道理。他们的命运是歇斯底里地对每一种可想象的恐惧过度缺乏抑制，甚至自恋到了偏执的程度。任何可升华的东西，他们都不承认有个人风格的痕迹。他们对唯美主义者毫不妥协，也不精心营造环境，在高雅的生活中，他们和心理学家一样认识到，压抑越少审美反应越弱。莫扎特写给他住在奥格斯堡的堂兄的信，是对那位受罪的私人教师的嘲弄，这些信里充斥着粗俗、空洞、下流的语言。弗洛伊德的理论不能解释这种现象，因为它缺少对艺术表现进行充分说明的概念，尽管它对梦和神经症中象征主义的运作规律有着深刻的理解。毫无疑问，一种未经查实就表达出来的本能冲动，即使它不再希望达到它所找不到的目标，也不能被称为压抑。另一方面，对动力——"真实的动力"——和幻想性满足之间区别的分析，是对幻想性满足和口无遮拦的表达之间的差别进行分析的扩展版。但艺术表现不是幻觉，它是一种表象，但只能以它希望规避的现实原则来衡量。然而，主观性材料却试图通过表象，就像它通过神经症状一样，以欺骗的方式代替现实。艺术表现通过坚持与现实不同来否定现实，但它从不否定现实;它直视导致了人们对现实视而不见的冲突性。表现与压抑的共同之处在于,运动都受到了现实的阻碍。这一运动,以及作为现实一部分的整个情结性的经验,都不能与其对象直接联系对象。艺术通过感官模仿,表现了艺术本身和对艺术的抵抗。艺术表现是如此的顽强,以至于它只会遭到形象上的改变,而在外在道路上依然故我。表现不是目的,也不是主观审查性的“阐述”,而是一种客观的、争论性的自我揭示。这就把它与审美升华区分开了:有人可能会说,每一次对主体的成功表达,都是其自身心理力量发挥作用的小小胜利。艺术的悲怆与这样一个事实紧密相连,即艺术通过退入想象,使现实的优越力量得到应有的发挥,但又不屈从现实,不以内部的变化来助长外部的暴力。做到这一点的人,无一例外地付出了高昂的代价,被他们的姿态抛在身后,这种姿态已经与他们的心理无关。然而,他们的作品同样让人们对艺术作品在文化成就中的排名产生了怀疑。在社会组织中,每一件艺术作品都参与了对文化的介入,只要它不只是手工艺品,因为手工艺品在文化产品中毫无傲慢的姿态。艺术和艺术家一样,对“艺术”是有害的。在放弃本能的目标时,艺术家仍然忠于本能,并揭露了社会的欲望。弗洛伊德天真地把欲望活动美化为升华,而这种升华可能并不存在。

137　微末的悲哀，伟大的歌曲*

当代大众文化对历史而言是必要的，这不仅是由于巨型企业把生活团团包围的结果，而且是由于今天意识的标准化占支配地位，这是审美主观主义最为反对的情况。诚然，艺术家越是深入圈内，就越会放弃模仿外部现实的幼稚。但与此同时，通过对心灵的反思，他们发现了越来越多的控制自己的方法。技术的进步给他们带来了更大的自由和独立，这也导致了一种将内在具体化、技术化的方法。艺术家表达自己的技巧越娴熟，他所表达的东西就越不需要“成为”他所表达的东西，而他所表达的东西，也就是主观性本身的内容，就越成为生产过程的一种功能。尼采在批评瓦格纳的时候也有过这样的想法，瓦格纳是一个温和的表达者，但他却没有意识到这不是一个心理学问题，而是一个历史趋势。表达内容从一种无定向的冲动转变为一种可操纵的材料，使之触手可及、可展示、可销售。例如，海涅的抒情主观主义与商业特征并不矛盾。可售性本身就是由主体性所支配的主体性。19 世纪表演者对“音阶”的巧妙运用转化为一种内在冲动，通用于新闻撰写、奇观设计和统筹计算中。艺术运动的规律本身就看重对主体的控制和客观化，规律的出现意味着艺术的衰落。对电影艺术的敌意，就是让电影审查将所有的材料和情感以最有效的方式向公众出售，这是外在性的第二阶段，其根源在艺术自身之中，在于对内在本质的日益支配。现代艺术家常常戏精附体，他们的表现欲是把自己作为商品推向市场的一种姿态。

* 对海涅诗句“我的巨大悲伤，我的小曲”的颠倒。

138 谁是谁

艺术家或学者总是对自己的天真烂漫沾沾自喜，他们在跟人打交道时总觉得很困难，并将困难归因于对方的狡猾、务实和精于算计。但是，正如每一种为自己开脱、为世界定罪的观点一样，同样的逻辑也适用于与纯粹目的性和狡诈相反的观点。深思熟虑，在成千上万的政治和战术考虑的指导下，谨慎而多疑——这就是今天置身事外的知识分子所采取的态度，他们知道会发生什么。然而，长期以来，内部人士的势力范围已经跨越党派疆界，进入了“生存空间”，他们不需要把这些人计算在内。他们对理性工作分配给自己的角色如此忠诚，他们的利益也毫无疑问地沉淀在思想中，以至于他们重新变得天真烂漫起来。在缔造他们的黑暗计划时，个人判断在形而上学意义上确实是正确的，因为他们确实与世界的阴暗面相似，但在心理意义上把他们想成是屈服于客观增长的迫害狂倾向却是错误的。他们通过自己的作用，做出卑鄙和背信弃义的行为，把自己和朋友出卖给当权者，不需要狡猾或卑鄙的手段，不需要精心设计的计划，他们只需要听从内心反应，不假思索地满足当时的需求，毫不费力地完成别人只有通过深不可测的诡计才能达到的目标。他们只是通过宣布值得信任来获得信任。他们看到自己的优势，勉强糊口，标榜自己的宽厚。因为所有人都只追求他们自己的特殊利益而不冲突，所以这些利益反过来又表现为普遍的，因此显得不那么功利。他们做出了坦荡的、本能的、解甲的姿态。他们如此完美，使得他们的对手不开心。他们不再有独立的能力去完成一项与他们的利益相反的行为，他们依靠他人的善意，他们自己也散发着善意。抽象的利益，由于是完全中介性的，便产生了第二直接性，而尚未完全包含在内的人，便把自己当作非自然的东西来妥协。他如果不想陷入悲伤就必须谨慎，郑重其事地超越世俗世界，而且很容易因过分笨拙而被定罪。对他来说，愤怒、贪婪、缺乏伙伴、欺骗、虚荣心和前后矛盾是一种令人信服的谴责。这类巫术不可避免地使不按这套规则玩的人变成了一个寻求自我的人，而这个没有自我的人按照现实的原则生活，被称为无私的人。

139 收件人不明

有教养的小市民习惯于要求一件艺术品“给”他们一些东西。他们不再对激进的作品感到愤怒，而是退回到他们不理解的那种毫无羞耻的谦虚态度上。这甚至消除了他们与激进艺术的对立，消除了它们与真理的最后一种消极关系，人们微笑着把它们归类为同类型消费品，这些消费品可以被选择或拒绝，艺术家无需为此承担责任。一个愚蠢、守旧、跟不上时代步伐的人，越是贬低自己，就越能在民众中散布意见，即僵化的时代精神的判断力。艺术作品不被理解，也就意味着对谁都没好处，这是一种摇摆不定的罪过，它让人显得蠢。在谩骂声中，人们离作品的魅力越来越远。必须从艺术中有所收获，显然是实体性和完满性的假设，让救济穷人变得不可能。在这一点上，人际关系和审美有异曲同工之妙的。指责别人什么都没提供的人是可怜的。如果一段关系变得枯燥无味，就应该断绝。但谁紧紧抓住它，又爱发牢骚，就是缺乏体验的器官:幻想。被给予的是不可交换的、不可抱怨的幸福，但这种给予与索取是分不开的。如果一个人为另一个人找到的东西不能到达对方的手中，那么一切就是毫无意义。没有一种爱是不求回应的。在神话中，恩典的保证是牺牲;正是这种接受，重新演绎了牺牲精神的爱，恳求人们不要感到受到诅咒。今天，给予的衰落与接受的艰难十分相配。只有否认真正的幸福，人们才会执着于自己的那种幸福。只有当他们从别人那里接受了他们自己不愿意接受的东西时，他们的堡垒才会被攻破。但他们发现这很困难，因为他们需要付出努力。他们醉心于技巧，把他们对自身存在的多余消耗的憎恨，转移到快乐对能量的消耗上，而快乐是他们的存在得以证明的瞬间，甚至在所有的审美升华中都需要快乐所消耗的能量。尽管有无数条捷径，他们却选择最远的路。把力量浪费在生命的秘密——快乐——上，是他们无法忍受的。他们认为，快乐的秘诀是“放松”，这是从养老院借来的语言，是过时的，它太不经济了。因为快乐所代表的思想需要两性的结合，是松弛的对立面，是一种受祝福的紧张，正如所有受奴役的劳动都是受诅咒的。

140 时　　序

当我的第一个作曲老师试图把我的无调性胡言乱语打断时，发现他提及的新作曲家的情色丑闻没起到作用的，转而通过展示自己的最新作品来向他所怀疑的我拥有的弱点进行攻击。他的论点是，超现代不再是现代，我所寻求的刺激已经麻木了，使我兴奋的富于表现力的人物属于一种过时的多愁善感，正如他喜欢说的，新青年有更多的红细胞。在他自己的作品中，经常用半音音阶来展开东方式的主题，这与一位道德败坏的音乐学院院长的策略一样，流露出极其微妙的思考。我很快就发现，在反对我提出的现代性时，他所说的时尚确实与他在各大沙龙的原始栖息地所孕育出来的地方，有着惊人的相似之处。古典主义形式不仅没有认识到它自己，而且还把反动当作是超前的，它预示了一股巨大趋势，这种趋势在法西斯主义和大众文化的统治下，很快对艺术家们无休止的多愁善感失去耐心，并把库尔茨-马勒 * 和技术进步结合起来。现代真的变得不现代了。现代性是一个性质范畴，而不是一个时间范畴。正如它不能被简化为抽象的形式一样，它也同样必须依靠传统在表面上的一致性，即和谐的表象，这种规律仅靠复制就能证实。法西斯同盟的中坚分子对未来主义怒不可遏，他们比莫斯科的审查者看得更清楚。莫斯科的审查者把立体派列入清单，因为他们私底

* 海德薇・库尔茨-马勒（Hedwig Courths-Maler，1867—1950），畅销作家，创作了大量感伤小说。

下的不当行为不符合集体主义精神；那些厚颜无耻的戏剧评论家觉得斯特林堡或魏德金德的戏剧已经过时，却在最新的小道消息里散布观点。尽管如此，他们的平庸却传递出了一个可怕的事实：总体社会的行伍想把它的组织强加到所有的艺术表现中，实际上却留下了林德伯格妻子所说的相反的力量（未来的浪潮），那就是对存在的批判性建构。腐坏的公众舆论滥竽充数，普遍存在的荒谬性也影响到存在的本质。约束人们追随榜样的力量是如此强大，以至于即使是未被同化的抗议表达，在面对它的时候，也会呈现出一种本土的、漫无目的的、缺乏经验的特质，让人联想到曾经被预言为落后的现代性的地方主义。与没有自我存在的个体的心理回归相对应的，是客观精神的回归，在这种回归中，迟钝、原始主义和讨价还价把历史上早已腐朽的东西确立为最新的历史力量，把一切没有积极加入回归行列的东西都推到过去。这种进步和反应的交换条件，使得当代艺术的定位几乎和政治一样困难，而且还使生产本身陷入瘫痪。在这里，任何一个执着于极端意图的人，都会让人感觉自己像一个生活在荒郊野外、墨守成规的人，则不再羞怯地徘徊在树木、文学或园艺领域，而是以火箭般的动力，向前迈进，进入完美的领域。

141　色调细腻

那种认为思维和信息没有细微差别的要求，不能简单地认为是屈从于普遍的迟钝。如果语言上的细微差别不再能被察觉，那么就只能暗示出来这种状况，而不仅仅是拿来。语言是一种客观存在的社会表现形式，即使它作为个体突然地从社会中分离出来。它在人际交流中所经历的变化涉及作者的不与人交流的部分。在使用过程中受损的单词和短语不能完好无损地到达隐蔽的车间，历史的破坏无法在那里修复。历史不仅影响语言，而且发生在语言之中。仍在继续使用的语言带有一种头脑简单的地方主义或舒适的复古范。所有的细微差别都被彻底扭曲，被当作“韵味”出售，甚至一说起高等文学的微妙之处就会让人想起“薄暮”“沉思”“幽僻”“浓郁”等贬值的词汇。反对平庸的措施正变得平庸、诡计多端，带有一种来自女性化世界的忧郁慰藉，这个世界的灵魂穿着传统服饰，吹着笛子，德国政治也是如此。在那里生存的知识分子与培育出来的高级垃圾愉快地竞争着文化的空缺职位，过去对传统充满敌意的语言氛围，在今天变成了对旧世界的美化。德国文化则似乎面临着另一种选择：要么恢复烦人的毕德迈尔风格，要么走向八股。这种简单化，不仅是出于市场和政治利益，也是由语言本身的历史状态所决定的，与其说是克服了细微的差别，不如说它在残暴地加剧了语言的衰落，让它为全能的社会牺牲。后者凭借其无限的力量，与知识和表达的主题相比，是不可比拟的，也是格格不入的，就像它在温和的日子里拒绝使用普通语言时一样。事实上，人类被整体所吸收，却无法与整体平等，这使得制度化的语言形式变得像天真的个人主义价值观一样空洞，而同样徒劳的是，通过允许前者进入文学媒介来扭转局面，但人们无法像工程师一样阅读图表。对于怀疑自己被浪漫主义孤立的作家来说，集体语言同样是浪漫的：他篡夺了那些他不能直接表达的人的声音，因为他的语言在具体化之后，就像每个人彼此之间的关系一样，是相互分离的，因为集体的当前形式就是无话可说。今天没有集体把表达的责任委托给主体，而是自己成为了一个主体。谁不赞同在极权主义对解放节日的大唱赞歌，而是严肃地支持罗杰·凯洛伊斯*所说的"想象力枯竭"，谁就只是把客观的纪律当作匮乏，而没有得到任何具体和普遍的回报。资产阶级主观主义语言的抽象性和它所强调的与具体对象之间存在着矛盾，不是因为作家无能，而在于历史的本性。主体希望在不被集体取消的情况下将自己交给集体。因此他对私人性丧失的看法变成了自己的空想，用语言独自模仿着社会的紧张结构，天真地相信已经唤醒了人们说话的热情。作为一种惩罚，这种未经授权的公共语言打着实事求是的幌子，不断地牺牲真正的物质事实，这与资产阶级的夸夸其谈是五十步笑百步。从细微差别的消亡中得出的结论，不是死抱着那些已经消亡的形式，也不是要把它们全部清除，而是把它们推到这样一种境界：从主观的阴影过渡到对客体的纯粹的、具体的定义。作者必须结合最严格的控制，以确保这个词确切的所指。对于这个问题，只要去掉所有的词句，耐心的人就会努力去发现什么在语言学上是有意义的，什么是没有意义的。但是，应该提醒那些害怕时代精神，被抛弃在主观性的垃圾堆上的人，总有想要天上掉馅饼的人并不是进步的原因。如果把现代社会看作是一种倒退，那么这种倒退就可以与历史进程所忘却的真理联系起来。因为除了能够充满主体的真理之外，没有其他真理可以表达，所以时代错误成了墨守成规的避难所。

---

* 罗杰·凯洛伊斯(Roger Caillois, 1913—1978)，法国社会学家，提出后现代游戏理论，著有《人类·玩耍·游戏》。

142　德国歌曲就是这样流传下来的*

自由体诗歌遭到了格奥尔格·斯特凡这类诗人的拒绝，他们认为这是一种错误的形式，只能算一种有韵律的散文。在歌德和荷尔德林的晚期赞美诗中，表达出了类似的观点。他们用技术眼光从字面上理解自由诗，却对自由诗赖以生存的历史充耳不闻。在格律诗衰亡后，自由的散文诗就出现了，发出一波高过一波的高亢音调。自由体诗的形式源自格律诗，同时又超越了主体性。它把悲怆的韵律与它自己的规则对立起来，严格地否定了终极的严格性，正如音乐散文从对称的八拍子中解放出来，把它的存在归功于不可动摇的调性结构。相对于现代自由的节奏而言，历史中无韵的古典诗成了有力的论据。不过是旧瓶换新酒而已，自由体诗歌用陌生化的语言来表达没有被交流耗尽的东西再合适不过了。但是，他们无可救药地屈服于曾经屹立不倒的语言洪流，只是磕磕巴巴地困在交流的王国里，与诗歌之间并无朦胧复杂的关系，又总是矫情地让人与语言之间隔着一层纱，他们自己仿佛隐姓埋名，直到特拉克尔的《梦的波浪》出现。自由体诗歌在法国大革命时期出现不是没有理由的，因为法国大革命就意味着人类开始拥有了尊严和平等。但是，故意写这种诗，难道不就是让语言重复它在无意识的历史时期所做的一切吗？所有经过深思熟虑的散文，难道不都是一种自由韵律的体系吗？难道不都是一种试图使绝对的魔力与对其表象的否

---

* 来自荷尔德林的诗《Patmos》的最后一句。

定相一致的尝试吗？如果是这样的话，一缕光芒就会落在每个散文家所肩负的西西弗斯式的负担上，因为去神话化已经导致了语言本身的毁灭。语言上的堂吉诃德式的尝试已经成为一种义务，因为把每一个句子放在一起决定了语言是否会屈服于商业主义和神圣的谎言，或者它是否会因为对它赖以生存的神圣元素缺乏信心而成为一种神圣的文本。散文是如此苦行地把自己与诗歌隔离开来，以便唤起人们对诗歌的回忆。

143 质言之

今日之艺术的课题是给混乱带来秩序。

艺术生产力是一种自觉不自觉的能力。

艺术是从谎言中提炼真理的魔法。

既然无论好坏，艺术品都是由恋物癖催生的，那么艺术家们对自己的作品有些自恋还该受到指责吗？

艺术形式从一开始就把精神性作为最高要求，作为其思想代表，戏剧的隐秘前提是它非常依赖观众。

诚如本雅明所说，绘画与雕塑将事物沉默的言语转译成与其相似却更高级的语言，所以我们可以猜测，音乐拯救了万物之名并将其变成纯粹的声音——代价是声音再也无法和那些事物分开了。

也许，严格而纯粹的艺术概念只适用于音乐，而伟大的诗歌或伟大的绘画——确切地说，最伟大的——必然会携带一种超越审美界限的主体元素，而形式的自律性还无法消化它。一种美学理论越是深刻和重要，它就越不适合于19世纪的主流小说。黑格尔在与康德的辩论中抓住了这一点。

美学理论家认为，一件艺术作品应该被理解为一个直接的沉思对象，纯粹从作品自身的角度来看，并不是合理的。它不仅局限于每一部作品的文化预设，而且它的语言只有初学者才需要遵循。即使在没有这种困难的地方，艺术作品所要求的也不仅仅是一个人应该全身心地投入其中。任何想要懂得《蝙蝠》之美妙的人都必须知道这是《蝙蝠》：

他的母亲一定告诉过他，这不是关于一种有翅膀的动物，而是一次身着戏服的表演；他一定记得有人告诉过他：明天你可以去看《蝙蝠》。以前，“合乎传统”的意思是：把艺术作品当作社会认可的、有效的东西来体验，通过欣赏艺术来获得先贤第一次欣赏它们时的感受。一旦不再被社会普遍认可，作品就暴露为不可靠的东西。于是，情节变得无聊，名作曲家的音乐也变得乏味、平淡。作品再也不美妙了。然后，大众文化就拾起了它的改编权。一切传统文化源自传统的无力感，都为改编提供了理由，最后野蛮地瓦解了传统。

欣赏伟大艺术作品时感到的舒适，往往不是因为作品本身表现出来的，而是因为这样一个事实：这些作品努力挣脱自身的存在。越是不舒服的时候，希望越以最快的速度出现。

卡夫卡：没有自我的自大狂。

卡夫卡虽然是克尔凯郭尔的狂热读者，但他与存在主义哲学的联系仅限于将落魄之人称为“废人”。

超现实主义打破了对幸福的承诺。为了它的真理，超现实主义向由总体形式转换了的幸福表象牺牲。

144 魔　　笛

文化保守主义思想认为启蒙和艺术是简单的对立关系，这是错误的，原因之一是，它在美的起源中忽视了启蒙。启蒙不仅消解了美所依附的所有品质，而且把美的品质放在首位。康德认为，艺术作品所唤起的无功利的快乐，只能通过每一个审美对象中仍在发挥作用的历史对应物来理解。这种无功利的思考之所以使人愉快，是因为它曾一度占据了人们最大的兴趣，因而使人无法思考。后者是启蒙自律论的胜利。黄金和宝石被认为具有神奇的魔力，因为在人们的心目中，美丽和奢华仍然平淡无奇地并存着。它们反射的光辉被认为是自身就有的本质属性。凡被它们的光所照的，就都仆倒。这是早期用于掌握自然的方式，珠宝只是一种工具，通过才能篡夺权力来征服世界。魔法是全能者创造的幻觉。这种幻觉被心灵的自我教化所驱散，但魔力仍然存在，因为它曾经把一种恐惧灌输给了人类，即使他们已经看穿了魔法所号称的统治地位不过是障眼法，但他们的眼睛仍然被这种恐惧迷住了。沉思，作为拜物教崇拜的残余，同时也是克服它的一个阶段。当光芒四射的事物放弃了它们的魔力，放弃了主体赋予它们的力量，并希望借助主体来运用这种力量时，它们就换上了温柔的形象，预示着一种由人支配自然而带来的快乐。这是奢侈的由来，它已经迁移到所有艺术的意义中。由绝对无力、美、尽善尽美和虚无显现出来的魔力，把全能者制造的幻觉否定为希望，它让全能者逃过了每一次对其能力的考验。完全无目的性揭穿了总体性的骗局,发现了想要统治世界才是它真实的目的,只有通过否定这个目的,通过从自身的理性原则中得出结论来完善既定的秩序,现存社会才能意识到还有另一种可能。沉思的快乐在于为幻觉祛魅,保留幻想的光环就是对神话姑息养奸。

145　艺术对象

数不胜数的国内奇闻逸事会使那些爱上当的人感到震惊，因为这些奇事常常是关于艺术的。听说有种半球形的镇纸，上面画了一棵冷杉，画上涂了层玻璃，镇纸下面写着来自维尔东根市的问候辞，这棵树好像来自斯蒂夫特笔下的碧绿的费希陶*，甚至像是巴尔扎克或狄更斯笔下花园里的五颜六色的灌木。这种惊人相似不完全是艺术家的错，也不是一切审美表象都抽象地相似。相反，艺术垃圾的存在毫无意义也毫不掩饰地表明这样一个事实：人们成功地从自己的内心复制出了一种本来用于囚禁人的东西，通过创造出人所害怕的东西，它还象征性地强制人们去适应这种东西。同样的胜利在最伟大的作品中回荡，尽管它们试图放弃这种恐惧，想象自己与任何模式都无关。在这两种情况下，远离自然的自由都是值得庆祝的，但仍被神话所困。人们以前害怕的东西，现在都由他们自己支配了。伟大的绘画和风景明信片有一个共同点，它们把原始的图像放在我们的指尖。在教科书中关于永动机的描述带给人一种似曾相识的感觉，就像伟大的哲学和英雄一样，它们都代表了一个完整的过程，然而却表现得好像是直接的、感性的呈现。说到底，对媚俗的愤怒是对其无耻地陶醉于模仿的愤怒，这种乐趣现在被置于禁忌之下，而艺术作品的力量仍然可以通过模仿暗中得到滋养。对存在的范围及其目的的逃避，不仅是反对一个更美好的世界，

* 费希陶是奥地利作家斯蒂夫特小说中的一个村庄。

而且也反对一个更愚蠢的没有自我主张的世界。这种愚蠢越来越严重,越是自我控制的艺术,就越崇拜它孤立的、据称是无辜的自我主张,而不是它真实的、有罪的、专横的自我主张。主观行为若表现为成功拯救了客观意义,就不真实了。在这一点上,它不如媚俗;后者在撒谎时从不伪装成说实话。媚俗不招人喜欢,是因为它说出艺术的秘密是文化与野蛮的结合。每一件艺术作品都有其不可解决的矛盾,即康德定义所说的,美学是“无功利的合目的性”;事实上,这是对创作过程的神化,是对支配自然能力的神化,作为第二创造,创作假定自己是绝对的、无目的的、自明的。然而,这实际上是对人工制品的颂扬,本身与艺术试图摆脱的理性目的性是分不开的。“物”与“物”之间的矛盾是艺术的重要因素,它规定了艺术的发展规律,但同时也是一种耻辱:通过间接地遵循现有的物质生产模式和“制造”它的客体,艺术作为一种类似于生产的东西,是无法逃避“为了什么”这个问题的。手工艺品的生产方式越接近于大规模生产,就越会引发那个致命的问题。然而,艺术却试图平息这个问题。正如尼采所说,完美不应该成为完美,也就是说,它不应该出现。然而,艺术与完美之间的距离越远,艺术品就必然变得越脆弱,艺术家只能消除创作的痕迹、伤害艺术作品并谴责它们是未完成的。随着魔法的衰退,艺术也承担起向后代传递形象的重任。但在这一任务中,它采用了与破坏图像相同的原则:“艺术”一词与“技术”在希腊语中是同一个词根。在文明的进程中,艺术与技术的纠缠使它的理念出现了矛盾冲突。我们这个时代的典型,是由电影和流行歌曲合成的,目的是为了对工业社会晚期的审判时代进行凄凉的沉思。这些典型不仅毁灭了艺术,而且由于它们明目张胆的无知,把那些一直深藏在最古老的艺术作品中的错觉暴露出来,而正是这些错觉赋予了那些最成熟作品以感染力。可怕的结局揭露了开头的骗局。法国艺术的幸运和局限在于,永远对创作袖珍画充满骄傲,法国艺术与德国艺术最明显的不同之处在于它不承认媚俗的概念。在无数宣言中,法国艺术都能原谅那些让人喜悦的作品,因为它们是心灵手巧的作品。而崇高艺术通过在舒适的环境中享受片刻无害的讽刺式夸奖,牢牢抓住感官生活。

因此，基于真理和表象的辩证法，放弃了对不存在的完美作品的绝对要求，也避免了海顿所称的大富豪们的谎言；他们下定决心不再与那些迷人的小插图或小雕像纠缠不清，最终屈服于拜物教，赶走了所有其他的拜物教。品味是一种平衡艺术中“有”与“无”之间矛盾的能力；然而，艺术作品从来不是一个有品位的作品，它们把这种矛盾推向极致，并在最终的衰败中实现自我。

146 玩具店

黑贝尔在日记中提出了一个令人惊讶的问题:人到晚年,是什么带走了生活的魅力?“在所有色彩鲜艳、扭曲变形的提线木偶中,我们看到了操纵它们运动的旋转线圈,也正是因为看到了,原本令人着迷的生活变成了单调的木偶剧。在孩子的眼里,走钢索的人唱歌,吹笛人吹着悠扬的旋律,姑娘们提水,车夫赶车,他以为这一切都是为了快乐;他无法想象这些人也要吃喝拉撒。然而,我们知道什么是利害攸关的。”也就是说,为了过日子把所有这些活动仅仅当作手段,并把它们归纳为可互换的抽象劳动时间。事物的使用价值不再是它们的本质,而是价值的偶然显现。“等价形式”破坏了所有的感知,一旦不再能自己决定——这是能快乐做事的理由——干什么都变得没意思了。我们的器官不能孤立地抓住任何感官上的东西,却要注意物品的颜色、声音、运动是为其自身存在还是为了别的什么。我们厌倦了虚假的分类,感觉全都一个样,为这样一种欺骗性的说法而感到失望,有人说只有符合目的性,使用价值才能依然存在。对未来的幻灭是对“商品世界”的生理反应。只有从占有中净化出来,事物才会变得丰富多彩和有意义,而在普遍强迫之下,这两者是不可能调和的。然而,孩子们可没黑贝尔想得那么多。由于在他们自发的知觉中仍然能够意识到现象和可替代性之间的矛盾,他们就放弃了“迷人的多样性”的幻想,而顺从的成年人不再看到这种矛盾。玩耍是孩子的防御方式。不出差错的话,孩子们会被“等价形式的独特性”所震撼:“使用价值变成了它的对立面——价值的表现形式。”

孩子们在无功利的行动中，用一种代替品，把使用价值与交换价值对立起来。正因为剥夺了所利用的事物的中介作用，孩子试图通过这些事物拯救对人类有益的东西，而不是对同样扭曲人与物的交换关系起辅助作用的东西。小卡车无处行驶，车上的桶也是空的；他们通过不表演，不参与抽象的过程来保持对自己命运的忠诚，这种抽象的过程将自己的命运划分了等级，取而代之的是，他们将自己的使命作为一种寓言。的确，他们四处分散，但没有陷入圈套，等着看社会是否最终会消除他们身上的社会耻辱；在人与物之间的重要过程，实践，将不再具有实际性。游戏的非现实性让人注意到现实还不是真实的。他们无意识地演练正确的生活。儿童与动物的关系完全取决于这样一个事实，即乌托邦在这些动物身上进行了伪装，马克思甚至对这些动物作为工人所贡献的剩余价值感到不满。动物的存在没有任何人类可以理解的目的，它们坚持自己的名称，仿佛是为了表达的方便，却完全不可能用于交换。这使它们受孩子们的喜爱，让他们的沉思充满了幸福。我是犀牛，象征着犀牛的形状。童话和轻歌剧中都有这样的画面，女人问着荒谬的问题：我们怎么知道猎户座真的叫猎户座？

147　新工具论

长期以来，人们已经证明，雇佣劳动形成了现代大众，也创造了工人。作为一项普遍的原则，个体不仅是自身的生物学基础，而且也是社会过程的反映；自我意识是提高自身表现水平所必需的一种幻觉，而事实上，现代经济中的个体化功能只是价值法则的代理人。从这一点可以推断出个人的内在构成，而不仅仅是他的社会角色。在现阶段，资本是资本有机构成的范畴。根据这一理论，“资本积累意味着生产资料数量的增长，而劳动力的量则使这些生产资料焕发活力”。如果社会一体化，特别是极权主义国家的社会一体化，越来越专门地把主体指定为物质生产网络中的一部分，那么“资本技术构成的改变”就会在生产过程的技术要求所包含的、实际上是由技术要求所构成的时间范围内得到延长。人类的有机组成正在增长。那些把主体确定为生产资料而不是生活目的的东西，随着机器与可变资本的比例的增加而增加。关于人的“机械化”这句话是有欺骗性的，因为它认为人是一种静态的东西，它在外部的“影响”下，通过对外部生产条件的适应，发生某种变形。但是，在这种“变形”之下并没有任何基础，也没有任何内在的社会机制仅仅在外在地发挥作用：变形不是人类的一种疾病，而是社会的一种病态，这种病态会给孩子们带来生物学投射给自然界的遗传污点。只有当以劳动力转变为商品的过程开始，并把人的每一种冲动都客观化为交换关系的形式上可衡量的变化时，生命才有可能在普遍的生产关系下再生产，其完善的组织需要死者的协调。生存意志发现自己依赖于对生存意志的否定：自我持存使一切生命在主观性中无效。与此相比，社会心理学和文化人类学所描述的一切人类适应社会的成果、一切从众行为，都只是一种附带现象。人的有机构成不仅指他的专业技术能力，而且——这是通常文化批评无论如何也不会承认的——也同样指与之相反的那些自然的能力，这些自然能力曾经是由社会辩证法产生的，现在却屈服于社会辩证法。甚至人类与科技的不同之处，现在也被作为一种润滑剂融入其中。心理分化最初是劳动分工的结果，它根据生产过程的各个部门和自由对人进行剖析，现在它自己终于开始为生产服务了。三十年前，一位辩证法家写道："专业的'艺术大师'是他客观化和具体化能力的供应者……他对自己客观化和受约束的能力采取了沉思的态度。这种现象在新闻业中表现得最为怪诞。在这里，主观性本身、知识、气质和表达的力量被归结为一种抽象的机制，独立地发挥作用，既脱离其主体的个性，也脱离所掌握材料的具体性质。记者的'缺乏信念'，他在经历和信仰上的堕落，只有作为资本主义物化的顶点才能被理解。"* 这里所提到的资产阶级的"堕落表现"，也就是资产阶级本身所谴责的，自那以后就变成了社会规范，成为了晚期工业主义下无可指责的存在的特征。这早已不再是一个仅仅出售生活的问题。在先验可销售性的驱使下，生活使自己成为一种有生命的东西，成为一种设备，自我有意识地把整个人生作为一种工具来服务。在这种重新组织中，作为业务经理的自我把生活的许多部分委托给自我支配，以致自我变得相当抽象，仅仅是一个参照点：自我持存丧失了它的自我。性格特征，从温良恭俭到歇斯底里，都能被控制，直到它们完全符合特定情况的要求。随着不断的变动，性格本身已经改变了。所有剩下的只是那僵硬的、空空如也的情感外壳，什么都可以往里装，没有任何个人的东西。主体不再是主体，主体对情感的反应就像对其内部对象的反应一样。在对自我的无限顺从中，人们同时又与自我疏远，这也是精神分裂症的发病机制。性格特征与它们的本能基础和自我的分离，使它们

* 参见卢卡奇的《历史与阶级意识》。

在原来仅仅是联系在一起的地方分离开来，这就使人为了自己日益增长的内在组织而越来越容易崩溃。个人内部劳动分工的完成，他的彻底客观化，导致了他的病态。因此，"精神病气质"是所有极权主义群众运动的人类学前提条件。正是这种从坚定性格到按钮式行为模式的转变——尽管表面上是活跃的——是人类有机组成不断上升的表现。没有中介机构来衡量的雷厉风行，不会恢复人的自发性，而是把人变成一个由中央权威部署和校准的测量工具。它的反应越迅速，越是先于现实进行思考，主体的反思就越迅速地被完全消灭。同样，生物学上的反应，即当前社会反应的模型，如果与主观性相比较，则是客体化的、异质的：它们常常被称为"机械性的"，这并不是没有道理的。生物体离死亡越近，就越容易退化到这种抽搐状态。因此，在两个极权主义国家的群众中爆发的打砸抢运动与其说是出于死亡的愿望，不如说是它们已经成为的东西的表现。他们杀人是为了让他们觉得仍然活着的事物与他们自己相似。

148 屠宰场

形而上学范畴不仅仅是一种隐藏着社会制度的意识形态;与此同时,它们表达了自己的本质,并且在它们的变化中沉淀了那些最核心的经验。死亡属于历史的范畴,而历史只能通过死亡来理解。历史的尊严曾经类似于个人的尊严。自主性,经济上的自主性,在绝对这一概念中达到了顶峰,这个概念曾经表达的是神学上对永生的希望,而这种希望是与经验相对的,现在它开始变得苍白无力。与此相对应的是一种强烈的死亡意象,在这种意象中,作为一切资产阶级行为和思想基础的个人被彻底消灭了。死亡是绝对价值的代价,现在它与社会上已不复存在的个体一样,都面临着毁灭。当它披上旧的尊严时,它就会流露出潜藏在它里面的谎言:把死亡说成是不可理解、非主观性、不可同化的东西。然而,在当代的意识中,死亡尊严的真假靠口头说说是没用的,人们把它当作是此地无银三百两。激进的天主教徒查尔斯·皮盖伊早在1907年就指出:“现代世界成功地贬低了这个世界上最难贬低的东西,这个东西在本质上似乎有一种特殊的尊严,一种独特的、不能被贬低的能力:现代世界贬低了死亡。”如果死亡所消灭的个体本身是虚无的,失去了自我控制和自我存在,那么这种消灭的力量也就成了虚无,仿佛是在滑稽地应用海德格尔关于虚无之虚无的公式。个人的可替代性使他的死亡实际上是可以被撤销的,而且是完全可以被蔑视的,正如基督教曾经认为死亡的悲怆具有矛盾性。作为一个“微不足道的数字”,死亡完全被同化了。对于每一个人,包括他所有的功能,社会都为他准备了一个替身，在任何情况下，替身都不过是他工作场所的侵入性占领者，一个死亡的候选人。因此，死亡的体验变成了工作人员之间的交流，任何与死亡有关的自然关系，如果没有完全融入社会之中，就会归入卫生学，把死亡仅仅被看作是一个生物从社会结合中退出的出口。死亡终于被驯化了：死亡只是证实了自然有机体在面对社会绝对时的绝对无关紧要。如果说文化产业见证了社会有机组成的变化，那就是几乎毫不掩饰地承认了这种状况。在镜头下，死亡开始变得滑稽可笑。当然，在某种类型的作品中对它进行嘲笑的意义是模棱两可的，笑声仍然宣告着对社会编织在整个自然之上的网下的无定形事物的恐惧。但织带是如此之厚，如此之密，以至于对大自然未被发现状态的记忆显得幼稚而多愁善感。埃德加·华莱士的侦探小说不讨人喜欢，似乎是由于小说在结构上不够理性，充满了未解的谜题，还用夸张来嘲弄读者。在如此出色地预见到恐怖的集体意象之后，谋杀喜剧的类型就产生了。虽然小说声称要取笑对死亡虚假的敬畏，但它也确实摧毁了死亡的形象。尸体变成了舞台道具。在电影《五星级谋杀案》* 中，尸体被不断地来回运送，寓示着它们已经死了。卡夫卡很久以前在《猎人格拉古的故事》中就曾惊恐地描述过死亡的消失是错误的：毫无疑问，出于同样的原因，音乐正开始变得滑稽。国家社会主义者对数以百万计的人所犯下的罪行，是先把人们像死人一样展示，然后大规模生产死人并降低死亡成本，这给那些还能对尸体笑出声的人脸上蒙上了阴影。决定性的一步是有意识的社会意志吸收了生物的毁灭。一种对死亡变得冷漠的人性本身等于已经死了的人性，可以对无数的人像是进行行政处分一样，让他们去死。里尔克为"人为自己死亡"而祈祷是可怜的，他掩盖了一个事实，那就是现在的人们仅仅是倏忽而逝的。

---

* *A Slight Case of Marder*，1938 年的犯罪片，劳恩德·培根导演。

149　别夸大其辞

对现代社会怪象的批评，在还没有完全说出之前，就会自动地被这样一种论点反驳：这就是生活。如此迅速地加以抵制的冲动，只不过表示出对历史的不变性缺乏洞察力，而这种不合理被所有人自豪地诊断为歇斯底里。原告进一步了解到，他的攻击动机是出于自我扩张，出于一种对特权的渴望，而他愤怒的理由是常识性的，是微不足道的，因此不能指望任何人把兴趣浪费在这些上面。显而易见的灾难变成了为其辩护的人的财富——每个人都知道没人需要说话——在沉默的掩护下，灾难得以毫无异议地继续进行。凡是被各种哲学灌输到人们头脑里的东西，都得到了人们的同意；凡是有持久存在的动力的东西，都被证明是正确的。一个人只要感到不满，就会立刻被怀疑是想要改变世界的改革家。纵容世界，是把反动的、站不住脚的衰落理论归罪于它的对手的诡计——因为恐怖难道不是永远存在的吗？——因为思想中所谓的错误，使纵容的人对消极事物的具体洞察力丧失了可信度，并且把反对社会黑暗的人抹黑成胡说八道。即使历史一直如此，可无论是帖木儿、成吉思汗还是英国殖民统治下的印度，都没有系统地用毒气炸开千百万人的肺，恐怖的每一种新形式都胜过旧形式，永恒性就在这一事实中显现出来。永恒的不是不变的痛苦，而是走向地狱的过程：这就是为什么人与人之间的对抗加剧了这一命题的意义。其他任何举措都是皮毛的，都是安抚性的措辞，放弃了质的飞跃。谁把死亡集中营看作是文明战胜野蛮过程中的技术灾难，把犹太人的殉难看作是世界历史上无关紧要的事件，这种想法不仅缺乏辩证的眼光，而且颠倒了他自己的政治意义：为了遏制最终的灾难。不仅在生产力的发展中，而且在日益增长的统治压力中，量也变成了质。如果犹太人作为一个群体被消灭，而社会继续复制工人的生命，那么，认为前者是资产阶级，他们的命运对历史的巨大动力不重要的论点，就变成了经济学上的诡辩，甚至在利润下降确实可以解释大屠杀的情况下也是如此。恐怖在于它始终保持不变，即是说，它是一种“史前”的存在，但人们也意识到它也是常变的、不可预见的，超出一切预期，是生产力发展的忠实影子。正如马克思对物质生产的二重性论述同样适用于暴力：“所有生产阶段都有共同的特征，这些特征是由思想建立起来的一般特征；但所谓全部生产的一般先决条件只不过是……抽象的时刻，没有真正的历史生产阶段可以把握它们。”换句话说，抽象出历史上没有改变的元素并不是为了遵守中立的科学客观性，而是为了散布一种烟雾弹，即使它是正确的，在它的背后，任何有形的、可以攻击的东西都消失在视线之外。辩护者们恰恰不会承认这一点。他们一方面对新生事物赞不绝口，另一方面又否认那是历史的地狱机器。奥斯维辛不能与希腊城邦的毁灭相提并论，前者仅仅是恐怖的逐渐增加，在不知道大屠杀存在之前，人们还可以保持内心的平静。毫无疑问，那些被劫持在货厢里的人所遭受的前所未有的折磨和羞辱，确实为最遥远的过去带来了一缕死一般的铁青，在那些被科学虚构出来的、无意识的、无计划的暴力中，早已潜伏着目的论的色彩。同一性存在于非同一性中，存在于尚未发生的事物中，也存在于已经发生的事物中。所谓事物总是同一的说法，通过直接性去理解就是错的，只有当它被引进到总体的视野里，才是正确的。谁要是放弃了对恐怖增长的认识，不仅是屈服于冷酷的沉思，而且再也无法意识到，在无尽的恐怖那总体同一性里，新近的恐怖和先前的恐怖之间的具体区别。

150 晚间号外

在爱伦·坡和波德莱尔的核心作品中，新事物的概念出现了。对爱伦·坡作品中对大漩涡和它所激起的颤栗的描述，和他的小说一样，传统的报道从没有给出合适的概念来形容。波德莱尔在《旅行》组诗最后一首的最后一行写道："不管是天堂还是地狱！/跳进未知王国的深部去寻找新奇。"在这两种情况下，主体所拥抱的都是一种未知的威胁，而这种威胁在令人头晕目眩的逆转中预示着快乐。新事物，意识中的空白地带，仿佛闭着眼睛等待着，似乎就是从恐惧和绝望中提取刺激的公式，它开出邪恶的花，但它裸露的轮廓是最清晰反应的密码。它限定了主体对一个已经变得抽象的世界——工业时代——给出的准确回答。对新事物的崇拜，以及由此产生的现代性观念，是对不再有任何新事物这一事实的反叛。机械复制的产品的品质从不改变，商品是一种社会化的框架，它平等地融合和吸收对象以及他们的观点，把遇到的每件事都转化为一直存在的东西，一个物种的偶然样本，一个影武者。这一层未经深思熟虑的、不受意图支配的自由，似乎已经被消耗殆尽，而只有在这层自由之上，意图才会蓬勃发展。新事物梦想的其实是这种自由发展，所以新事物本身是不可企及的，它把自己安置在被推翻的神性的位置上，让人首先意识到经验的衰退。但新事物的抽象概念仍然与病态联系在一起，这种病态无力地达到一种正在消退的具体性。对于"现代性前史"来说，分析"感觉"这个词的意义变化是有益的，因为"感觉"是波德莱尔所谓"新奇"的同义词。这个词通过认识论为受过教育的欧洲人所熟悉。在洛克看来，它的意思是简单、直接的知觉，与反思相反。后来，它变成了一个巨大的未知数，最后造成了大众的觉醒，一种破坏性的陶醉，一种作为消费品的震撼。人们仍然能够感知事物，无论其质量如何，这取代了快乐，因为万能的量化已经剥夺了感知本身的可能性。我们把经验和它的主题联系起来，发现有些东西仅仅是主观的，在物理上是孤立的，感觉在压力表上的读数中被耗尽了。它把历史从存在本身的解放转换成知觉的形式，这是19世纪的感觉心理学所适应的过程，它把处于底层的经验降低到仅仅是基本的刺激，而这种刺激的具体构成是独立的。然而，波德莱尔的诗歌充满了那些被打击时闭上眼睛所看到的闪电。与这些闪电一样变幻莫测的是新事物本身的概念。因此，当宁静的沉思现在只停留在社会预先形成的东西的石膏模型上时，它本身就是重复。新事物，为了自己而寻求的，是一种实验室的产物，被僵化成一种概念性的方案，在它突然出现的时候，就变成了旧事物的一种强迫性的回归，就像创伤性神经病的情形一样。在炫目的幻象中，时间序列的面纱被撕裂，揭示了永恒同一性的原型：这就是为什么新事物的发现是撒旦性的，是诅咒的永恒轮回。爱伦·坡对“小说”的寓言是指在大漩涡的眼中，无助的船在不停地旋转，但在某种意义上却是静止不动的。受虐者抛弃自我去接受新事物的感觉也是一种倒退。精神分析中有一点是正确的，即波德莱尔现代性的本体论，和其后的所有本体论一样，回答了对幼稚的部分本能的描述。多元主义是色彩斑斓的海市蜃楼，资产阶级理性的一元论将其自我毁灭视为希望。这种虚假的承诺构成了现代性的概念，而所有现代的东西，由于其永不改变的核心，几乎还没有老化到它呈现出一种古老的面貌。在19世纪中叶崛起的特里斯坦，作为一座现代化的方尖碑，同时也是一座高耸入云的纪念碑，记录着人们不断重复的冲动。新事物在它的统治地位上是矛盾的。当它包含一切努力超越日益僵化的既定秩序的统一性事物时，它同时又被新事物所吸引，在这种新事物的重压下，新事物无疑地把主体分解为虚幻生活的痉挛时刻，从而也推动了整个社会的发展，而这个社会又赶新时髦，把旧的新事物驱逐出去。波德莱尔关于性的殉道者、谋杀案受害者的诗，讽喻地颂扬了在可怕的犯罪中获得快乐的神圣性，但是他在赤裸的无头躯体前的陶醉，已经类似于希特勒政权的潜在受害者，在瘫痪的贪婪中购买那些宣布自己灭亡的措施的报纸。法西斯主义绝对是世皆哗然的：在第一次大屠杀时的一份声明中，戈培尔夸口说，至少国家社会主义者并不无聊。第三帝国在新闻和谣言中制造的抽象恐惧被认为是唯一的刺激，足以在虚弱的群众的感觉中激起一时的兴奋。对新闻标题的渴望几乎是不可抗拒的，在这种渴望中，被勒死的心痉挛地寻求着一个原始的世界，这种无法言说的东西是观众甚至是肇事者无法忍受的。在战争的过程中，甚至灾难的消息最终也在德国得到了充分的宣传，缓慢的军事崩溃也没有被掩盖，对他们来说，像虐待狂和受虐狂这样的概念已经不够了。技术传播的大众社会是由轰动效应，由类似昙花一现的、遥远的、终极的新事物所引导的。公众在震惊中痛苦万分，忘记了谁遭受了暴行，无论是自己还是他人。与获得刺激相比，震撼的内容就变得无关紧要了，它只在诗人们的祈祷中是最理想的；甚至有可能爱伦·坡和波德莱尔所品味到的恐怖，一旦被独裁者意识到，就失去了它作为感觉的性质，消失了。对一切新事物所拥有品质的暴力拯救是缺乏品质的。就像脱敏的吗啡成瘾者最终不分青红皂白地吸食任何药物，任何新的失去了自我的东西都可以变成快乐。感觉已经淹没了一切判断，连同各种品质之间的差别：正是这一点使它成为一种灾难的媒介。在倒退的独裁统治恐怖中，现代性这一进步的辩证形象，在爆炸中达到了顶峰。波德莱尔的新闻风格和瓦格纳的鼓点一样，已经有了某种暗示。事实上，这种集体性的新奇是一种从外部生活中提炼出来的具有刺激性和麻痹性的物质：坡、波德莱尔、瓦格纳的成瘾类型并非一无是处。然而，它的极权主义形式只会变成纯粹的罪恶，在这种形式下，曾经产生新类别的个人与社会之间的所有紧张关系都消失了。今天，对新事物的呼吁，无论它是什么，只要它足够古老，就已经成为普遍的，成为虚假模仿的无所不在的媒介。主体的分解在他的自暴自弃中达到了不断变化的千篇一律。波德莱尔通过形象的力量所掌握的东西，是不可能不受意志的蛊惑的。病态地屈从于 289

形势，是由新事物的刺激引起的，而新事物仅仅是一种刺激，又不再是刺激。也许正是在这种疲乏中，人类宣布放弃要孩子的愿望，因为每个人都可以作出最坏的预言：新生的是所有未出生的人的秘密形象。马尔萨斯是19世纪的先驱之一，波德莱尔也有理由赞美不育之美。人类对自己的繁殖感到绝望，无意识地把生存的愿望投射到对一个永远无法知道的东西的幻想中，但这东西与死亡相似。这样的幻想指向了一个包罗万象的结构的崩溃，而这个结构实际上已经不再需要成员了。

151　反神秘主义的命题

1. 神秘主义倾向是意识退化的一种症状，它已经失去了思考无条件退化和忍受有条件退化的能力，它不是通过概念化的劳动在有无条件的统一性和差异性中加以界定，而是不分青红皂白地把它们混在一起。无条件变成了事实，有条件变成了无条件的本质。一神论正在分解成第二神话。“我相信占星术，因为我不相信上帝。”一位美国社会心理学调查的参与者回答道。曾经把自己提升到一个神的概念的可疑的理性陷入了圈套，绝对精神被分解成许多种精神，因此丧失了承认精神不存在的能力。社会对灾难的隐蔽倾向以一种幻觉的现象，使其受害者在一种虚假的启示中平静下来。他们徒然希望在它破碎的喧嚣中正视他们的末日并承受它。经过数千年的启蒙，人类对自然的控制远远超过了人类对自然的恐惧，恐慌再次爆发。

2. 第二神话比第一神话更不真实。第一神话是连续几个时代知识状态的沉淀，每一个时代的意识都比前一个时代在一定程度上摆脱了对自然的盲目屈从。第二神话则是精神错乱和困惑，它抛弃了来之不易的知识本身，在这个社会中通过无所不包的交换关系，消除了神秘主义者声称拥有的精神力量。舵手观察狄奥斯库里*，将活力归于树木和春天，尽管在未被解释之前它们都令人迷惑不解，从历史的角度来看，这与主体对其行动对象的感觉是一致的。然而，在各种等级的预言

* 宙斯与丽达所生的孪生子，是水手们的守护神。

家们的展台和咨询室里，一种对合理化社会的理性利用反应——重生的万物有灵论否认了异化，而这种异化本身就是它的证明和产物，并捏造了不存在经验的替代品。神秘主义者从商品的拜物教特征中得出了最终的结论：具有威胁性的物化劳动拥有恶魔般的相貌，从各个方面对他们发动攻击。在一个凝结成产品的世界里被遗忘的东西，即人类创造出来的东西，被分裂开来，并被错误地记作是附在客体之上的自在存在，与客体等同。因为物体在理性的冷光中冻结，失去了它们虚幻的生命力，现在赋予它们生命力的社会性质被赋予了一种独立的存在，既自然又超自然，是万物之中的一种东西。

3. 在资本主义后期，思想回归到魔术，被同化为资本主义的晚期形式。在这个系统的边缘有一种特殊的微光现象，可怜的人试图透过墙壁上的裂缝眯着眼看，却什么也看不见，这更清楚地说明了内部腐朽的力量。那些用水晶球恐吓客户的算命先生，是那些掌握着人类命运的大人物的玩偶。社会本身就和精神研究的蒙昧主义者一样充满敌意和阴谋。神秘事物所散发出的催眠力量类似于极权主义的恐怖：在当今的过程中，这两种力量融合在了一起。预兆的微笑被放大成社会对自己的嘲笑，对灵魂的直接物质剥削幸灾乐祸。占星术符合官方的指示，数字神秘主义是为管理统计和企业联合调价做准备。整合本身最终证明是一种分裂为互相消灭的权力集团的意识形态。整合者是迷失者。

4. 神秘主义是对一切意义的主体化的反思，是物化的补充。如果对活着的人来说，客观现实比以往任何时候都静默无声，他们就会试图通过胡说八道来从中引出意义。意义被不加区别地归于下一件最糟糕的事情：真实的理性不再那么令人信服，取而代之的是跳跃的桌子和来自成堆泥土的光线。对于病态的意识来说，现象世界的渣滓变成了普遍的智慧。就像卡夫卡笔下的奥德拉戴克*几乎是天使一样，这种智慧是一种推测性的真理，然而它主动地排斥思维媒介，又是一种与自身疏离的野蛮和失常，完全是主观性地误以为自己是思维的对象。那些

* 卡夫卡在小说《有家的男人》中所描述的一种虚构生物。

在被当作“精神”的虚妄——在任何不那么没有精神的事物中，被启蒙的主体会立刻认识到自己的虚妄——中发现的意义越多，实际上的意义越是根本不存在，就越变成了一种无意识的、强迫性的、从历史上（如果不是从临床上）分解的主体的投射。它想使世界像它自己的衰朽一样，因此它要处理必要的东西和邪恶的愿望。“第三个启示立即显示，显示的是我的厄运！”在神秘学中，心灵在它自己的咒语下呻吟，就像一个人在夜间的泥潭里呻吟，他的痛苦随着他做梦却不能醒来的感觉而增长。

5. 神秘主义的力量，就像法西斯主义的力量一样，不仅是病态的，而且与反犹主义的思想模式有关。更确切地说，事实是，在较小的万能药剂中，正如在叠加的形象中一样，渴望真理的意识想象着它正在掌握一种隐约可见的知识，而这种知识却被所有形式的官方进步观所坚决否认。人们认识到，社会几乎排除了自发变革的可能性，因此正在走向彻底的灾难。真正的荒谬在占星术的骗术中得到再现，占星术把它们与被异化的元素之间的紧密联系——和星星一样陌生——作为对这个主体的认识。在星座中被破译出来的危险就像历史上的危险一样，通过无意识的、没有主体的状态来传播。不是所有人都是由自己组成的总体的潜在受害者，他们只能通过把整个总体转移到某种与自身类似但外在的东西上，来让自己变得可以忍受。在他们所做的可悲的蠢事中，在他们空洞的恐惧中，他们能够发泄无法实现的悲哀，以及对死亡的极度恐惧，但同时又继续压抑着这种悲哀和恐惧。如果他们想继续活下去，就必须这样做。生命线的断裂表明潜在的癌症只出现在它声称被发现的地方，即个人的手段只是一个骗局；当他们不愿意在集体中接受诊断时，这个诊断就成了正确的。星座投下的神秘光线符合对技术的期待。迷信是一种知识，因为它把分散在社会表面上的毁灭的暗号放在一起看；这是愚蠢的，因为在它所有的死亡愿望中，它仍然执着于幻想：期望从被错置在天空中的变形的社会形态中得出一个只有在对真实社会的研究中才能给出的答案。

6. 神秘主义是蠢人的形而上学。媒介的平庸并不比启示琐碎的虚构更具偶然性。在早期的唯心论时代,来世传达出的最重要的信息莫过于来自死者的问候和对即将到来的旅程的预言。同样荒谬的是,关于偏执狂系统的一个辅助假设是,灵魂世界不可能向人类理性传达出比后者所能传达的更多的信息;毕竟,自然理性给我们带来的帮助比祖母的话要多一些,如果灵魂不愿意承认这一点,那灵魂就成了无礼的哥布林妖怪,不如与其断绝一切来往。超自然信息陈词滥调的内容暴露了它的不真实性。在追寻失去的东西的过程中,自然只会发现自己一无所有。无可救药的现实主义者栖居在家,为了不与日常的枯燥生活脱节,他们把自己陶醉于其中的意义与自己逃避的无意义相适应。毫无价值的魔法只不过是它所照亮的毫无价值的存在,这就是平淡无奇的生活如此舒适的原因。事实显得名不副实,是因为它被构建为四维的。事实并不存在,这是它的隐秘属性,它为头脑简单的人类提供世界观。占星家和唯灵论者对每一个问题都给出直率、激烈的回答,他们与其说是在解决问题,不如说是在所有可能的解决方案中,用一个粗糙的前提去抹掉问题。他们的崇高境界类似于不需要人们动什么脑子的空间性思考,正如思考椅子和花瓶之间的关系一样。因此,这种思考强化了墨守成规的僵化思维,既存事物本身的意义要比应然的世界更能让他们愉悦。

7. 伟大的宗教要么像犹太教一样,在禁止雕刻偶像之后,用沉默来掩盖对死者的救赎;要么就应该鼓吹肉体的复活。他们重视精神和肉体的不可分离性,他们没有任何意图或是“精神上的”东西可以不首先以某种方式建立在身体的感知和寻求身体满足的基础上。对于神秘主义者来说,复活的想法配不上他们的身份,他们不想被救赎,救赎太粗俗了。甚至赫胥黎也无法将他们的形而上学与通常的形而上学区分开来,它依据的是这样一条公理:“灵魂可以飞升,身体却窝在沙发里。”精神越真诚,身体的机械感就越强:甚至笛卡尔也没有如此明确地划定过身心界限。劳动分工和物化被推到极端:身体和灵魂之间的联系在一种常年的活体解剖中被切断。灵魂要把脚上的尘土抖掉,在它与身体切断的地方立刻恢复它的激情。然而,灵魂变成了一个廉价的仿制品,它从这个仿制品中获得了虚假的解放。即使是最严格的哲学所承认的身心相互作用，也被安置了星座躯体，这是假定为实体的精神对它的对手可耻的让步。只有在身体的隐喻中，才能把握纯粹精神的概念，同时又取消了这一概念，因为在具体化的过程中，灵魂已经被否定了。

8. 神秘主义者强烈反对唯物主义，但是又想要找到衡量星座躯体的客观标准。他们感兴趣的对象要立即超越经验的可能性，同时这种超经验性又能被经验到，其程序必须严格而且科学，谎言越大，准备就得越细致。科学检验的重要性在没有东西可检验的地方是荒谬的。把灵魂赶出去的理性主义和经验主义幽灵，正被用来重新强加给那些不再相信自己拥有理性的人。似乎任何元素的灵魂都不会在大自然为这些稍纵即逝的生命设置的陷阱前疯狂地逃跑。但即便如此，神秘主义者也会从中受益。因为灵魂不喜欢控制，所以在所有安全防范措施中，必须有一扇小门是开着的，这样他们才能畅通无阻地进入。神秘主义者是务实的人，他们不是被虚荣的好奇心驱使，而是在寻找窍门。从星星到期货交易只有一步之遥。通常情况下，从星座运势中显示出的只不过是一些可怜的熟人最殷切的希望破灭了而已。

9. 神秘主义的主要罪过是对心灵和存在的污染，让存在本身变成心灵的一种属性。意识作为一种维持生命的器官，是从存在中产生的。然而，在反映存在时，它同时又成为别的东西，让存在者把自己否定为存在对自己的思想，这种否定来自心灵的要素。把心灵归为积极的存在，甚至是更高层次的存在，就是把它交给它所反对的东西。晚期资产阶级的意识形态又把心灵变成了前万物有灵论的形式，变成一种以社会分工、手工劳动和智力劳动的分裂以及对前者的计划性支配为模型的自在存在。意识本身的概念，意识通过使其独立于构成它的社会原则，在本体论上被证明是正当的，并使特权永久存在。这种意识形态在神秘主义中爆发：它是唯心主义的永恒轮回。由于存在与心灵的严格对立，心灵成为存在的一个部门。如果唯心主义只要求完整的心灵，即存在即精神，而精神也是存在，那么神秘主义就得出了一个荒谬的结论，即存在是有规定性的存在。“存在一经确定，就与非存在共存。因此，非存在纯是以整体的形式与存在一同出现的。非存在包含在存在之内，而且非存在具体的整体形式就是存在，并具有直接性，这一事实就构成了存在的确定性。”神秘主义者是从字面上理解非存在与存在的统一关系的，他们在存在的具体性与非存在的整体中寻到一种隐秘的捷径，宣称整体一旦被确定，就不再是整体。他们从形而上学中找到了渊源：这里就是罗德岛，从这里跳吧。既然精神对存在从哲学上是可确定的，那么最后，任何分散的存在都必须作为一种特定的精神才能合乎理性。精神存在的学说，是对资产阶级意识的最终拔高，因而在目的论上包含着精神的信仰和它的最终堕落。从精神向存在的转变，总是“积极的”转变，并证明资产阶级世界的正当性，同时心灵的积极命题又把它变得肯定，因而把绝对的东西转化为表象。无论作为“产物”的整个客观世界是精神，还是一种特定的精神，这一切都不再重要，世界精神成为的是最高的精神，是既定的世俗秩序的守护天使。神秘主义者的神秘主义让黑格尔笔下令人迷惑不解的东西成为蛊惑人的手段，他们把投机行为发展成了泡沫经济。在把存在界定为心灵或精神的过程中，他们用客观的心灵去检验存在，那存在必然是否定性的。没有精神是存在的。

152　警告:请勿滥用

辩证法源于诡辩:这是一种辩论模式,在这种模式下,教条主义的主张受到动摇,正如检察官和喜剧作家所说,台词越少越有力。后来,它在日积月累中发展成一种与哲学相悖的批评方法,成为一切受压迫的思想的避难所。但作为一种为证明自己正确的手段,它从一开始就是一种统治的工具,一种不关心内容的正规辩护技巧,适用于那些付得起代价的人,辩证法的原则不断地、成功地让他们扭转局面。因此,辩证法的真理性与否不在于方法本身,而在于它在历史过程中的使用意图。与 1848 年革命前的政治形势一样,黑格尔派之所以分裂为左派和右派,也是由于该理论的模糊性。辩证法不仅包括马克思主义学说,它让无产阶级首次在历史中成为主体性的研究对象,认为无产阶级是唯一拥有人类自决意识的阶级,同时也看到古斯塔夫·多尔*所开的玩笑也具有真理性。这位古代政体的拥趸认为,没有路易十六,就没有法国大革命,所以获得权利的人们首先应该感谢的就是这位暴君。否定性的哲学吸收一切,甚至吸收掉否定性的哲学家。但是,它所宣称的悬停和保存的两种新形式,即吸收者和被吸收者,永远不可能从一个对立的社会中以纯粹的状态出现。只要统治能进行自我再生产,它的旧品质就会在被吸收者的吸收过程中重新出现,结果是从根本上没有发生任何飞跃。根本性飞跃只会发生在解放之中,因为辩证地看,对新质所

---

* 古斯塔夫·多尔(Gustave Doré, 1832—1883),法国画家。

作的规定总是涉及对客观存在的暴力统治进行宣传，所以当新质在概念上达到了否定之否定的时候，它就被受到一种几乎不可避免的强制驱动，甚至在思想上也染上了旧的坏秩序那种不容他人置喙的特征。它渗透客观性中的深度，通过“客观性就是真理”这一谎言表现出来。否定性严格地自己限定，从历史进程所赋予的一切现有特权中推演出一个没有特权的国家形象。这个形象完全符合私人存在的要求，黑格尔认为私人存在是无效的。他认为，纯粹主观性，坚持其自身原则是纯粹的，所以会陷入矛盾之中。即使它没有在社会和国家中被客观化，也早晚会被自己的恶作剧、伪善和邪恶打倒。道德、良知以及建立在纯粹的自我肯定之上的自律，都不过是幻觉。如果“不存在道德现实”，那么就像《法哲学原理》中所说，婚姻高于良知，而浪漫主义的良知则像是“反讽”概念所表示出的那样，会以其“主观虚荣心”的名义而受到谴责。这种辩证动机在整个法哲学体系的各个层次中，显得既真实又不真实。说它真实，是因为它揭露了特殊性只是一种必要的幻觉，揭露了孤立事物的孤立性只是针对它们而言的虚假意识，而不是关于整体的虚假意识，反而这种虚假意识会随着整体的力量而瓦解。说它不真实，是因为客观化的动机，也就是“异化”，成了资产阶级对主体进行自我张扬的借口，好像哪怕一个主体性是坏的主体性，而与之相比客观性却是不自由的，不符合主体的批判，客观性就会退化为纯粹的合理化。“异化”一词表达了通过个人意志的服从而从私人的任性中解脱出来的期望，它以一种坚韧不拔的态度承认外部世界通过一个机构来反对主体——尽管它极力主张和解——主客体的持续不可调和性构成了辩证法批评的主题。自我疏离的行为等同于歌德所谓的“救赎”的弃绝，因此也就等于为现状正名。例如，他对父权社会残害妇女现象的洞察，以及在没有人类学前提的情况下消除人类学变形的不可能，正是这种顽固的现实主义辩证法，他从中突出了一个家庭总需要一个家长的观点，为宗法关系的延续发声。在这一点上，他既没有正当的理由为自己证明，例如在目前的条件下不可能建立不同的关系，甚至也不缺乏对被迫遭受虚假解放后果的被压迫者的人道主义；但所有这些真相都将成为男性主导的意识形态。这位辩证法大师知道老处女的不幸和脆弱,知道离婚的残忍。但为了反对浪漫主义,他将客观的婚姻置于短暂的激情之上,而这种激情并没有在共同的生活中保存下来。在这种情况下,他为那些以牺牲感情为代价实践婚姻的人创造了口头禅,这些人只爱他们所娶嫁的东西,也就是抽象的财产关系。这种智慧的逻辑结论是,在婚姻关系中,人是谁并不重要,人们只要按要求行事即可。为了抵制这种思想,启蒙辩证法需要不断地提防保守的成分,毕竟,这也是复杂的人类本性。由于辩证法的过程可以轻易地把它的论据转换为直接的整体知识,而辩证法的基本原理却排除了这一点,因此暴露出辩证法的反思也有可能再回到不反思状态。辩证法的总体性立场是被有序地采用的,先以一种教师式的"不是我这么说的"的态度,让对手无法明确提出否定,同时突然中断概念的运动,通过指出事实的不可克服的惯性来中止辩证法。这种伤害是由主题的待证正太造成的:辩证法是拿来用的,不是拿来遵循的。用这种方法,思维便巧妙地回到从前的辩证阶段,这也证明了一切事物都有两面性。

153 终　曲

只有在绝望面前能够负责任地实行的哲学，才会试图从救赎的角度去思考一切事物。知识没有光，只有通过救赎照亮世界：剩下的只是重建，完全是技巧性的。我们必须形成一种观点，取代和排斥这个世界对我们的控制，揭示它遍布的裂痕，就像它有一天在弥赛亚之光中显现出的那样贫穷和扭曲。要获得这样的观点，既不通过软弱也不通过暴力，完全是从与对象的感觉接触中获得——这本身就是思想的任务。这是所有事物中最简单的，因为当前的处境迫切需要这样的知识。确实，因为一旦直面彻底的否定性，时世就会表现为它的对立面的镜像。但这也是完全不可能的事情，因为得预先假定一个立场，哪怕这个立场涉及的广度与现存相差甚远，而我们很清楚，任何可能的知识不仅必须首先从现实中（如果它能保持良好的话）获得，而且还必须首先从理性中获得，因此，也就意味着必须首先从理性所要逃避的那种歪曲和贫困中获得。辩证思想越是强烈，就越是会为了获得无条件的性质而否认自身的条件性，就越是会无意识地、灾难性地把自己交给世界。即使自身的目标是绝不可能实现的，也必须为了可能存在的未来而去理解现存世界。所以，在辩证法之中，除了要坚持对思想提出要求，救赎本身真实与否倒是无关紧要了。

译名对照表

Alexander，亚历山大
Andersen，Hans Christian，汉斯·克里斯蒂安·安徒生
Aristotle，亚里士多德
Auber，Daniel François，丹尼尔·弗朗索瓦·奥柏

Bach，Johann Sebastian，约翰·塞巴斯蒂安·巴赫
Bachofen，Johann Jakob，约翰·雅各布·巴霍芬
Bacon，Francis，弗朗西斯·培根
Balzac，Honoré de，奥诺雷·德·巴尔扎克
Baudelaire，Charles，夏尔·波德莱尔
Bebel，August，奥古斯特·贝蓓尔
Beethoven，Ludwig van，路德维希·范·贝多芬
Benjamin，Walter，瓦尔特·本雅明
Bergson，Henri，亨利·柏格森
Bettelheim，Bruno，布鲁诺·贝特尔海姆
Borchardt，Rudolf，鲁道夫·博尔夏特
Borgia，Cesare，恺撒·博尔吉亚
Bradley，F. H.，弗朗西斯·赫伯特·布拉德利
Brahms，Johannes，约翰内斯·勃拉姆斯
Brecht，Bertolt，贝尔托特·布莱希特
Brehm，Alfred，阿尔弗雷德·布雷姆
Burckhardt，Jakob，雅各布·布克哈特

Caillois，Roger，罗杰·凯洛伊斯
Carnap，Rudolph，鲁道夫·卡尔纳普
Casanova，Giacomo，贾科莫·卡萨诺瓦

Chamisso，Adelbert von，阿德尔贝特・冯・沙米索
Cooper，James Fenimore，詹姆斯・费尼莫尔・库珀
Courths-Mahler，Hedwig，海德维希・库尔特・马勒

Däubler，Theodor，泰奥多尔・多伊布勒
Daumier，Honoré，奥诺雷・杜米埃
Demosthenes，德摩斯梯尼
Descartes，Rene，勒内・笛卡尔
Dewey，John，约翰・杜威
Dickens，Charles，查尔斯・狄更斯
Diederichs，Eugen，尤金・迪特里奇
Doré，Gustave，古斯塔夫・多雷
Driesch，Hans，汉斯・杜里舒

Eckermann，Johann Peter，约翰・彼得・艾克曼
Eipper，Paul，保罗・艾珀
Epicurus，伊壁鸠鲁
Eubulides，欧布里德

Fallada，Hans，汉斯・法拉达
Fichte，Johann Gottlieb，约翰・戈特利布・费希特
Flaubert，Gustave，古斯塔夫・福楼拜
France，Anatole，阿纳托尔・法朗士
Freud，Sigmund，西格蒙德・弗洛伊德
Freytag，Gustav，古斯塔夫・弗赖塔格

Goebbels，Joseph，约瑟夫・戈培尔
Goethe，Johann Wolfgangvon，约翰・沃尔夫冈・冯・歌德
Grey，Sir Edward，爱德华・格雷爵士
Grimm，Jacob，雅各布・格林
Grimm，Wilhelm，威廉・格林
Groddeck，Georg，乔治・格罗代克
Grünewald，Matthias，马蒂亚斯・格鲁内瓦尔德

Hagenbeck，Karl，卡尔・哈根贝克
Hamann，Johann Georg，约翰・乔治・哈曼
Hannibal，汉尼拔

Haydn, Joseph, 约瑟夫·海顿
Hebbel, Friedrich, 弗里德里希·黑贝尔
Hegel, Georg Wilhelm Friedrich, 乔治·威廉·弗里德里希·黑格尔
Heidegger, Martin, 马丁·海德格尔
Heine, Heinrich, 亨利希·海涅
Heyer, G.R., G·R·海尔
Heyse, Paul, 保罗·海斯
Hiller, Adolf, 阿道夫·希特勒
Hölderlin, Friedrich, 弗里德里希·荷尔德林
Homer, 荷马
Horkheimer, Max, 马克斯·霍克海默
Honey, Karen, 凯伦·哈尼
Hume, David, 大卫·休谟
Hus, Jan, 扬·胡斯
Husserl, Edmund, 埃德蒙德·胡塞尔
Huxley, Aldous, 阿道司·赫胥黎

Ibsen, Henrik, 亨里克·易卜生

Jaspers, Karl, 卡尔·雅斯贝尔斯
Jung, Carl Gustav, 卡尔·古斯塔夫·荣格
Juvenal, 尤维纳利斯

Kafka, Franz, 弗兰兹·卡夫卡
Kant, Immanuel, 伊曼努尔·康德
Kierkegaard, Søren, 索伦·克尔凯郭尔
Kirchhoff, Adolf, 阿道夫·基尔霍夫
Klages, Ludwig, 路德维希·克拉格斯
Kokoschka, Oskar, 奥斯卡·柯柯什卡
Kraus, Karl, 卡尔·克劳斯
Kröner, Alfred, 阿尔弗雷德·克雷纳
Kürnberger, Ferdinand, 费迪南德·屈恩伯格

Liliencron, Detlev von, 迪特列夫·冯·李利恩克龙
Lindbergh, Anne Morrow, 安迪·莫罗·林德伯格
Liszt, Franz, 弗兰兹·李斯特
Locke, John, 约翰·洛克

Schiller，Friedrich，弗里德里希·席勒
Schmitt，Carl，卡尔·施密特
Schnitzler，Artur，亚瑟·施尼茨勒
Schopenhauer，Artur，亚瑟·叔本华
Schönberg，Arnold，阿诺德·勋伯格
Schubert，Franz，弗兰兹·舒伯特
Schumann，Robert，罗伯特·舒曼
Schuschnigg，Kurt，库尔特·许尔尼格
Schütz，Heinrich，亨利希·舒尔茨
Scott Moncrieff，斯科特·蒙克里夫
Simmel，Georg，格奥尔格·齐美尔
Spengler，Oswald，奥斯瓦尔德·斯宾格勒
St Augustine，圣·奥古斯丁
Stalin，Jaseph，约瑟夫·斯大林
Sternheim，Carl，卡尔·斯特恩海姆
Stifter，Adalbert，阿达尔贝特·施蒂夫特
Storm，Theodor，泰奥多尔·施托姆
Stramm，August，奥古斯特·斯特拉姆
Strauss，David Friedrich，大卫·弗里德里希·施特劳斯
Strauss，Richard，理查德·施特劳斯
Stravinksy，Igor，伊戈·斯特拉文斯基
Strindberg，August，奥古斯特·斯特林堡

Tagore，Rabindrannath，罗宾德拉纳德·泰戈尔
Taubert，Wilhelm，威廉·陶伯特
Tolstoy，Leo，列夫·托尔斯泰
Toscanini，Arturo，阿尔图罗·托斯卡尼尼
Trakl，Georg，格奥尔格·特拉克尔

Valéry，Paul，保尔·瓦莱里
Van Gogh，Vincent，文森特·梵高
Veblen，Thorstein，托斯丹·凡勃伦
Verlaine，Paul，保尔·魏尔伦
Voltaire(François Marie Arouet)，伏尔泰(原名弗朗索瓦-马利·阿鲁埃)

Wagner，Richard，理查德·瓦格纳
Wallace，Edgar，埃德加·华莱士

图书在版编目(CIP)数据

最低限度的道德:对受损生活的反思/(德)阿多诺著;丛子钰译.—上海:上海人民出版社,2020
(阿多诺选集)
ISBN 978-7-208-16373-7

Ⅰ.①最… Ⅱ.①阿… ②丛… Ⅲ.①辩证批判理论
Ⅳ.①B085

中国版本图书馆CIP数据核字(2020)第042255号

责任编辑 吴书勇
封面设计 零创意文化

阿多诺选集
最低限度的道德
——对受损生活的反思
[德]阿多诺 著
丛子钰 译

出　　版 上海人民出版社
(200001 上海福建中路193号)
发　　行 上海人民出版社发行中心
印　　刷 常熟市新骅印刷有限公司
开　　本 635×965 1/16
印　　张 20.25
插　　页 4
字　　数 270,000
版　　次 2020年4月第1版
印　　次 2020年4月第1次印刷
ISBN 978-7-208-16373-7/B·1468
定　　价 75.00元

本书译自 E.F.N.Jephcott 的英译本 *MINIMA MORALIA*（Verso 出版社 2005 年版），根据 1951 年苏尔坎普出版社德文初版校对

阿多诺选集

《道德哲学的问题》

《否定的辩证法》

《美学理论》(修订译本)

《最低限度的道德》

《黑格尔三论》

《认识论元批判》

本社将继续分批推出阿多诺其他著作,敬请关注。